Georges Grandjean

LA DESTRUCTION DE JÉRUSALEM

LE PREMIER POGROME

Il a été tiré du présent ouvrage 100 exemplaires sur Alfa Mousse des Papeteries Navarre numérotés de 1 à 90 et H. C. I à H. C. X constituant l'édition originale.

Première édition
Editions Baudinière ~1941
Tous droits réservés pour tous pays.
y compris l'U.R.S.S.

Exegi monumentum ære perennius
Un Serviteur Inutile, parmi les autres

Scan & ORC
Août 2011
John Doe

Mise en page
24 juin 2019
Lenculus †(2016) & Baglis
in memoriam
Pour la Librairie Excommuniée Numérique des CUrieux de Lire les USuels

Chapitre premier

Jerouschalaïm(1) et Rome face à face

Soixante ans après Jésus-Christ ! Rome Impériale est souveraine du monde ; mais les Juifs sont les maîtres de Rome. Aux frontières, les légions meurent ; au Champ de Mars la brocante et la finance israélites s'enrichissent sans vergogne. Ici, le sang versé se mue en or.

Sur les Sept collines les Sept Synagogues ont érigé l'étoile de Jehovah. Au Palatin, Poppée, courtisane juive est Imperia.

C'est l'heure décisive du règne de Néron. Simon le Simoniaque est le favori du Palais. César n'est plus qu'un histrion aux griffes des usuriers de la Tramstécère, du Grand-Prêtre de Jérusalem et des Pharisiens.

Il vient de secouer l'autorité de Sénèque et de Burrhus : il donne libre carrière à son infamie. Vicieux, à pleines artères, dépravé jusqu'aux moelles, il tient de sa mère Agrippine, l'instinct du meurtre et la passion de la boue. Tout en lui est heurté, fantasque, sadique et cruel.

Agrippine l'a pétri de la sorte, en vue de gouverner sous son nom. Pour lui démontrer qu'il est digne de sa mère, il la fait éventrer par Anicétus. — *Feri ventrem* !

---

1 — Jérusalem

Et Agrippine meurt sans autre parole que cette malédiction à ses entrailles.

Effroyable famille ! pire que nos Médicis, pire que les Borgia ! C'était ce qui convenait au Sanhédrin pour corrompre Rome ; et, ce fut Agrippine qui jeta la Juive Poppée entre Néron et la douce Octavie.

« *Singulière race que la nôtre* », s'exclame Néron, un soir d'orgies (pendant son voyage à Corinthe). Ma mère, arrière-petite fille d'Augusta, mariée à A. Œnobarbus-Domitius, dont je suis le fils, est exilée par Caligula, son frère… pour ses désordres ! N'est-ce pas admirable : Caligula dépassé par Agrippine ! Claude monte sur le trône, on rappelle ma mère d'exil. Elle devient la femme de Crispus Passienus, patricien d'illustre famille qui commet la sottise de lui léguer tous ses biens et les richesses immenses qu'il a rapportées d'Egypte… Elle le fait assassiner parce qu'il tarde à mourir ! Claude s'est encombré de Messaline. Entre les deux femmes commence une lutte de tigresses dans le cirque. Agrippine dénonce à l'empereur les amours de sa femme et du consul Silius, le plus beau de tous les Romains. Messaline est… supprimée. Agrippine épouse Claude, son oncle. Je suis adopté par Claude, je deviens le fils de mon oncle et le neveu de ma mère… Mais il arrive un jour que Claude fait condamner une femme adultère. Ce jugement fait trembler l'impératrice et son amant, Pallas.

Le lendemain, l'Empereur dîne au Capitole avec les Prêtres. Son dégustateur Halotus lui sert un plat de champignons préparés par Locuste (empoisonneuse patentée du Palatin ; Galba la fit mettre à mort en 68). La dose n'est pas assez forte. L'empereur, sur son lit de festin, se débat contre l'agonie. Xénophon, son médecin, sous prétexte de lui faire rejeter les champignons, lui introduit dans la gorge une plume empoisonnée… Et, pour la troisième fois, Agrippine se trouve veuve ! Elle règne !…

… Mon oncle étouffa son tuteur avec son oreiller et son beau-père dans son bain. Mon père, au milieu du Forum, creva avec une baguette l'œil d'un chevalier ; sur la Voie Appienne il écrasa sous les roues de son char un adolescent qui ne se rangeait pas assez vite ; et, à table, un jour, près du jeune César (le fils d'Auguste, voir les chapitres suivants) qu'il accompagnait à Jérusalem, il poignarda son « *affranchi* » qui refusait de boire… « *Ma Mère ! elle a tué Silanus, elle a tué Lolla Paulina ; elle a tué Claude, et moi, l'on dit que j'ai tué Britannicus et que j'ai tué ma mère !… »*

Invariablement, c'est par l'intermédiaire de gouvernants dissolus qu'Israël corrompt ou achève de corrompre les Nations.

À Rome, le Sanhédrin était donc bien servi ! Nous verrons qu'il le fut trop bien. En tout, le manque de mesure est un mal : il a toujours perdu Israël ; ce furent les excès de Néron, acheté par le Pharisaïsme, qui perdirent l'héroïque petit peuple juif.

Au début, quelque vernis de sagesse recouvrit le monstre. Burrhus et Sénèque en eurent entreprise. Paradoxe ! Quelle que fût la vigueur d'âme chez l'un, la force de la pensée chez l'autre, ces deux « Stoïques » tentèrent vainement d'infuser sève de vertu dans le cœur de leur monstrueux élève. Par bonheur leur ascendant se maintint quelques années, sur le jeune débauché, devenu à dix-sept ans, maître absolu de l'Univers.

— Empêchons-le de goûter au sang, disait Burrhus, la bête fauve une fois en éveil serait insatiable !

Quand elle eut goûté à celui de Britannicus, la bête fut intenable. Quand Néron eut tué sa mère, Sénèque se vit réduit à plaider la cause du parricide et Burrhus à le couvrir de sa bonne renommée.

Burrhus, à qui l'usage du pouvoir militaire donnait plus de raideur, disparut le premier, en mars ou février 62 (Tacite, *Annales*, XIV ; Suétone, *Néron*, 35 ; id., *Histoire*, 1-72). Le bruit que Néron l'avait fait empoisonner s'accrédita dans Rome (2). Sa mort laissait libre un des postes les plus importants de l'Empire : le Commandement des troupes prétoriennes. Cette charge exercée par deux préfets égaux en autorité, lui avait été entièrement confiée.

Néron s'empressa de la partager entre deux débauchés : créatures des neveux et des petits-fils d'Hérode qui fréquentaient le Palatin l'un, Sofonius Figellin, était depuis plusieurs années le « *directeur* » et l'associé de ses orgies. Vénal, dépravé, intelligent, il représentait ce prototype d'animal rasé à frais, de renard qui peuple nos actuels ministères.

---

2 — Sénèque compromis dans la conspiration de Pison fut condamné à s'ouvrir les veines. Sa femme voulut le suivre dans la mort. Guérie de ses blessures, elle végéta plus qu'elle ne vécut quelques années encore. Sénèque avait 64 ans quand il mourut. Tableau de Rubens à la pinacothèque de Munich.

L'autre, Fenius Rufus, était un imbécile sans caractère. Les cohortes d'élite du Camp Prétorien de l'Avenue Nomentane subirent, frémissantes, un tel commandement.

Quant à Poppée : la Poppéa Augusta de Rufus et d'Othon ce ne fut point dans le silence de la nuit, dans l'ombre mystérieuse d'une chambre écartée qu'elle vint à l'Empereur ! Ce fut au milieu d'une orgie que supportaient gravement Burrhus et Sénèque. Elle s'avança, couronnée de fleurs, telle une bête impudique dont on fait valoir la chair nue, au milieu des chants, aux vibrations des lyres, sous les lumières ! Les Synagogues poussaient leur Judith entre Néron et Octavie, la malheureuse sœur de Britannicus.

Introduite dans la place, la Juive rêva du trône.

Une humble et douce affranchie corinthienne, que saint Paul devait convertir : Acté se révélait fort influente sur Néron. Cette pureté morale portait ombrage à la fière et hautaine favorite. Elle parvint à rompre cette liaison qu'elle traitait de servile. Acté se réfugia dans les catacombes [3]. Et l'intrigue du temple se poursuivit.

Quoique délaissée Octavie tenait place d'épouse, et d'impératrice ! Pauvre épouse ! dont le deuil avait commencé le jour des noces et qui n'entra au Palais impérial que pour voir mourir empoisonnés son père et son frère !

Vainement, elle lutta contre la favorite. Loin de Rome, exilée dans l'île de Pandataire, elle vivait séparée du monde, attendant la mort. Autour d'elle, rien que des centurions et des légionnaires : cour terrible, aux regards incessamment tournés vers Rome et qui n'attendait qu'un ordre, un geste, un signe, pour nouer le lacet ou préparer le poison.

Cette vie malheureuse, ignorée, tourmentait Poppée au milieu de ses splendeurs adultères et de son pouvoir sans bornes ! Octavie était populaire. Sa beauté, sa jeunesse, ses malheurs avaient touché les Romains. L'aristocratie et le peuple frémissaient de l'outrage infligé à la fille de Claude.

---

3 — Nous indiquerons plus loin le rôle joué par Simon-le-Magicien, à la Cour de Néron. Ce Juif, ennemi implacable de saint Pierre, avait été envoyé à Poppée par les Pharisiens.

C'est alors que la créature des Synagogues se révéla capable de dépasser Néron même, dans le crime.

Provoquée par elle et ses amis, une courte sédition éclate dans Rome. Les manifestants demandent le retour d'Octavie, les statues de Poppée sont renversées, traînées au Tibre. Une troupe de gardes intervient, disperse à coups de fouets les « *fauteurs de désordre* », repêche les statues, replace les effigies de la favorite sur leur piédestal.

Le soulèvement avait duré une heure et coûté 6 millions de sesterces. « *C'était une affaire.* »

Les usuriers du Transtévère estimaient que ce n'était pas payé trop cher l'ascension de leur reine au Palatin.

Poppée court à Naples où se trouve Néron. « *Elle fuit,* dit-elle, *les assassins payés par Octavie...* » Ses 500 ânesses ne la suivaient pas ! Mais, ravissante de frayeur, blanche comme le lait de ses bains, comédienne née, elle se jette aux pieds de l'impérial histrion.

Une heure plus tard, Néron envoyait à Octavie l'ordre de se donner la mort. À douze ans de distance la scène fut celle de Blanche de France, étranglée par ordre de Pierre-le-Cruel, roi des Maures et des Juifs d'Espagne. En vain, la pauvre exilée crie pitié ! offre de se réduire au titre de veuve ou de sœur ; en vain invoque-t-elle le nom de Germanicus, leurs aïeux communs, celui même d'Agrippine. Tout est inutile. Les froids centurions n'obéissent qu'à l'ordre impérial ! Elle hésite, n'ose se frapper elle-même. Deux soldats lui lient les bras. On lui ouvre les veines, puis on lui coupe les artères, car le sang glacé par la peur, ne peut couler. Et, comme elle tarde à mourir, les sicaires de Néron étouffent la petite impératrice dans les vapeurs d'un bain bouillant...

> « *L'un des émissaires porta la tête d'Octavie à Poppée. La Juive posa cette tête sur ses genoux, lui ouvrit les paupières et enfonça dans les yeux qui conservaient des reflets d'épouvante, les épingles d'or qui retenaient sa chevelure.* »

> « *Les Juifs l'emportaient : ils avaient leur impératrice romaine* »
>
> (Pline, *Histoire naturelle des animaux*, XXVIII, 50).

Jamais l'orgueil féminin, l'orgueil du corps, l'orgueil puéril et bestial de la chair féminine, jamais le femellisme ne furent poussés aussi loin que chez cette femme ! Chaque matin, cinquante esclaves prenaient soin de la « *beauté* » de cette putain de classe : dans ces monumentales baignoires de marbre rouge ou d'onyx, dont le musée du Vatican conserve les spécimens étonnants, le lait d'ânesse était versé, chaud pour le bain de Poppéa Augusta, jusqu'à pleins bords.

> « *Fière d'une beauté qui lui valait l'Empire, elle n'épargnait rien pour en soutenir l'éclat, jusqu'à traîner partout cinq cents ânesses afin de se baigner dans leur lait* »
>
> (Suétone, *Néron*, 35 et Tacite, *Annales*)

Le jour où le grand miroir de bronze poli lui révéla que de tels soins étaient inutiles et que les fards flétrissaient son teint, elle souhaita mourir ! Vanité folle, qui trahit autant d'orgueil que de cruauté ! Mais quels que fussent les désordres qui l'entouraient, elle veillait à ne point s'avilir et se compromettre. Elle gardait la tête froide, pour mieux servir les Juifs puissants du Champ de Mars, les descendants d'Hérode et la famille d'Agrippa qui l'avaient poussée jusqu'au trône.

Femme habile, qui, par certains côtés, fait néanmoins honneur à Israël, elle usait souvent des ornements de la modestie. Si elle poussait la recherche du luxe jusqu'à ferrer d'or ses mules favorites, elle paraissait rarement en public et toujours à demi-voilée comme ses sœurs d'Orient. Une fastueuse élégance, les dons de l'esprit, un accueil aimable, achevaient de déguiser la courtisane juive, sous les traits de la patricienne la plus séduisante et la plus racée.

Néron s'attacha de cœur à cette femme. Ce fut la seule qu'il aima. Aussi, quand d'un coup de pied dans le ventre, il eut blessé à mort Poppée enceinte, ses regrets furent tels qu'il recherchait son image dans les yeux de toutes les victimes de son brutal amour (*Tacite-Josèphe*).

Il est indéniable que le Palatin soit devenu, sous Poppée, la seconde « *Antonia* » du Temple, la Synagogue des Synagogues ! En dehors des affaires de hautes brocantes et de fournitures aux armées qui amenaient le Champ de Mars au Palais, Poppée sut retenir les Patriciennes que l'ambition ou les mystères de l'Orient attiraient chez elle. Sur le chapitre de la superstition romaine des livres entiers sont à écrire ! Les devins de la Palestine, les sorciers Iduméens, les prophètes de Judée, la sibylle d'Israël ne quittaient plus les appartements de la favorite. Le « *Tout-Rome de l'élite ? et du bon ton* » rêvant d'au-delà, de lumière, de paix, de félicités immatérielles et creuses, montait vers Augusta Poppéa pour connaître le secret des Dieux.

Mais, à enté de ces bateleurs (Tacite, *Annales*, XVI, 6) hystériques ou trafiquants de la superstition, Cagliostro de tous les règnes, se trouvaient de graves et sages conseillers qui continuaient d'initier Poppée *aux lois du Mosaïsme et à leurs fins*.

Dévote au Dieu du Temple, dévouée à ceux de sa race et de sa religion, elle le demeura jusqu'à la tombe. Son corps, au lieu d'être brûlé, selon la coutume romaine, fut embaumé comme chez les Juifs (4). Elle mourut fidèle au Mosaïsme et aux ambitions d'Israël. Ceci en dit long sur le rôle qu'elle était chargée de jouer près de César.

Ce fut Poppée qui se fit la protectrice de Josèphe l'historien Juif. Par elle, l'auteur de « *La Guerre Juive* », des « *Antiquités Judaïques* » fut accrédité près de Néron et du même Juif Alityros, compagnon des orgies néroniennes.

Josèphe s'enivra de Rome et devint l'ami intime d'Alityros. Séduit par la Cour, par la musique, par l'art et la volupté des femmes, par les fêtes impériales, par le chant des flûtes et le grandiose des Spectacles, par cette poésie parfumée qui coulait aux festins de César, avec les vins de Palerme et de Syracuse, Josèphe n'aperçut pas ou ne voulut pas voir, la tyrannie du Maître, l'avilissement des caractères, la honte des femmes, l'abcès purulent que cachaient cette pompe et cette gloire. Il se lia avec Tibère Alexandre le pire traître à la cause d'Israël, le Juif qui commandait les Prétoriens.

Quand il revint dans ses pauvres champs de Judée, Josèphe fasciné par la lumière romaine, était convaincu qu'il n'y avait rien à tenter contre la maîtresse du Monde. Ses déclarations et ses attitudes le rendirent suspect aux Qannaïtes (Zelotes) et Simon de Giskhala, l'héroïque et farouche défenseur de Jérusalem, le considéra toujours comme suspect.

C'est d'une conjuration judéo-romaine où trempent Tibère, Alexandre et Josèphe, que naquit la légende d'un Simon de Giskhala, chef de bandits et assassin de grande route. Le patriote soupçonneux jusqu'au délire, tenace, implacable jusqu'à la cruauté, ne put, même dans les sources chaudes d'Emmaoum, se laver des souillures de la calomnie.

---

4 — Cette inhumation ne laisse subsister aucun doute sur le dessein réfléchi du Temple de placer Poppée aux côtés de Néron.

Ainsi va le monde où l'honneur officiel a toujours tué l'honneur.

La collision des Juifs et de Néron, s'affirme flagrante par les relations que l'empereur entretenait avec Simon-le-Magicien. Le sectaire gnostique avait voulu acheter à Pierre le don de « *faire des miracles.* » D'où le nom de Simonie donné au trafic des choses saintes.

L'apôtre et le « *mage* » s'étaient rencontrés à Samarie. Muni d'une forte somme, Simon vint trouver Pierre.

— Vends-moi le pouvoir que tu exerces afin que ceux à qui j'imposerai les mains soient miraculés, proposa le « *Mage.* » Pierre, indigné, répondit :

— Que ton argent périsse avec toi, qui as cru que le don de Dieu pouvait s'acheter. Tu es, je le vois, rempli d'un fiel amer et corrupteur, tu es engagé dans les liens de l'iniquité !

Les deux hommes devaient se retrouver à Rome où le crédit du « *Simonien* » était puissant. L'admission des « *païens* » dans « *le sein de l'Eglise naissante* » faisait hurler de rage les cohènes et le Sanhédrin, car il était enseigné dans les conspirations et sur les plans juifs, de ne reconnaître la grâce de Dieu qu'à la « Race élue. » « *Les Gentils* », hier comme aujourd'hui, sont destinés à fournir les esclaves à la superbe d'Israël.

Pierre, brisant la ligne de démarcation qui séparait l'humanité vulgaire du « *peuple de Dieu* » et délivrant la foi captive dans un coin du monde (abbé Vincent, *Histoire de saint Pierre*) tuait donc l'entreprise bancaire du Temple.

Or, à Rome, comme à Césarée, comme à Samarie, Simon était parvenu à séduire un grand nombre d'individus même du plus haut parage. Il s'était imposé par le gnosticisme à toute la jeunesse « *dorée* » de Rome. « *Libertins, roués et modernes* » des deux ou trois sexes ne juraient que par Simon-le-Mage. Une corruption effroyable, l'horrible dégradation de l'espèce humaine, le mépris profond de sa dignité et de ses droits, l'oppression féroce du faible par le fort, du pauvre par le riche, avaient été les conséquences de cette propagande pharisaïque dont Simon était l'un des chefs les plus redoutables : « *Les fils haussaient les épaules en pensant aux croyances des vieux romains ; et tout en se corrompant de plus en plus dans leurs mœurs, dans leurs institutions, dans leur politique, ils se croyaient incontestablement supérieurs à leurs ancêtres* » qui avaient à la fois sauvé la patrie et conquis le monde (5).

Nous découvrons les preuves de l'engouement de Rome, pour Simon, dans saint Justin, saint Eusèbe, et saint Irénée, dans Tertullien, Théodore et Cyrille de Jérusalem. Saint Lin, successeur de Pierre, n'est pas moins catégorique. Tous sont d'accord pour reconnaître que le Sénat avait élevé à Simon, dans une île du Tibre une statue qui portait cette inscription : À *Simon-le-Dieu*.

Les braves Juifs des Synagogues devaient faire des gorges chaudes, tout en vidant Rome et tous les Romains de leurs sesterces ou de leurs talents : car, en fin de « compte », c'était à quoi tendait, uniquement, la magie de Simon.

> « *Rien n'égalait le respect, voire même la vénération qu'il inspirait à Néron : à ses yeux il était le fils de Jupiter : celui dont la puissance allait rendre au Capitole et aux destinées romaines leur antique éclat ; celui qui allait préserver l'empire de l'invasion des Dieux étrangers ; en un mot, de Simon, dépendait le salut ou la destruction de l'Empire... Et le peuple, selon son habitude, suivait en servile imitateur, l'exemple de son maître* »
>
> (Abbé Vincent).

Le Juif saint Pierre osa affronter le Juif Simon. « *Après s'être excité au courage* », en compagnie de saint Paul, il va trouver Néron. Longuement, l'apôtre reproche à l'empereur son faible pour le jongleur et le nécromancien. « *Cette crédulité, César, est indigne de ton nom et de ton pouvoir ! Tu vois science et vérité où il n'y a qu'artifice et mensonge.* »

---

5 — On frémit, lorsqu'on lit les cruautés, les débauches, les malfaisances de ces beaux « *esprits* » ; l'on s'épouvante lorsqu'on voit la France contemporaine en proie au même mal et soumise aux mêmes menaces nordiques. Les « *simoniaques* » sont légion au gouvernement, comme à l'académie, à la scène comme à la ville, aux Ecrivains Combattants comme ailleurs et partout. Comme Rome, la France périra de ce mal.

Pour une fois, il convient de reconnaître que Néron fut rempli d'indulgence. En vérité, il fut ahuri de voir un plébéien, un inconnu, conserver tant de sang-froid et parler avec tant d'autorité en présence de la pourpre impériale et des faisceaux romains ! Imagine-t-on de nos jours, un brave paysan de la Meuse ou du Danube, tombant à l'Elysée, mandant de défenestrer de la Sorbonne tous les astrologues-professeurs ou docteurs juifs !

Néron n'alerta point la garde prétorienne. Il laissa partir en paix les deux apôtres, mais fit avertir Simon qui gîtait dans une riche villa de l'Aventin.

Immédiatement, toute la colonie juive est en effervescence ; l'entourage de Poppée, la débauche élégante, l'élite de la pourriture romaine, entrent en campagne contre saint Pierre. Autour de l'apôtre, chrétiens et romains se resserrent. La lutte s'annonce sévère.

Simon pense que son crédit peut lui échapper. L'homme des Synagogues décide d'un coup d'audace.

Il propose à Pierre une sorte de lutte publique sur le Forum, il est convenu entre les deux adversaires qu'ils ressusciteront un cadavre. La mort punira l'imposteur impuissant.

Rappelons le récit de l'auteur grec des « *Actes de saint Pierre* » :

« *Un pauvre jeune homme de haute naissance, du sang même de Néron vint à mourir. Les deux adversaires se présentent pour le ressusciter.*

« *Néron, ne fut-ce que pour soutenir de sa présence son favori, est là : au milieu d'une foule innombrable de hauts personnages. Toute la ville est en suspens et se porte à ce spectacle.*

« *Simon s'avance près du cadavre. Il essaye ses enchantements ; il apporte sa bouche près de l'oreille du jeune homme en prononçant je ne sais quelles paroles magiques. Soit illusion, soit emploi de quelques moyens naturels, le mort commence à lever la tête et à la secouer. Un frémissement se fait entendre dans toute l'assemblée ; chacun élève jusqu'aux nues le nom de Simon et demande qu'on mène au supplice son ennemi.* »

« *Les Juifs sont les plus déchaînés et entraînent la foule. Pierre tient tête à la tempête.*

« *— Si le mort est réellement rappelé à la vie, s'écrie-t-il, qu'il se lève, qu'il marche, qu'il parle ! Et, pour que vous reconnaissiez plus aisément* *l'imposture de Simon, Romains, ordonnez-lui de s'éloigner du cadavre et vous verrez, alors, si l'enfant vit !*

« *L'épreuve confondit le magicien, et le jeune homme resta prisonnier de la mort, comme auparavant.*

« *Pierre entre en prière, puis, au nom de Jésus-Christ, ordonne au jeune homme de se lever.*

« *A cet ordre les yeux du mort s'ouvrent à la lumière, sa bouche parle, il retrouve la vie et le mouvement.*

« *Toute la ville s'émeut ; et, comme l'opinion du peuple est versatile, chacun exalte Pierre et l'admire ; chacun, par contre, réclame la mort de Simon.*

« *Déjà, l'imposteur est poussé vers la roche Tarpéienne ; déjà les pierres s'amassent pour la lapidation. Pierre intervient, protège son adversaire contre la vengeance de la populace, les gardes prétoriennes entraînent Simon.*

« *Néron fut sensible à la défaite de son favori.*

« *Au lieu de reconnaître la divinité du Christ au nom duquel Pierre avait confondu de vains artifices, il se livra contre Pierre et Paul à un secret sentiment de haine concentrée, à un désir de vengeance qui n'attendait, pour se montrer au grand jour, qu'une occasion favorable.* »

Le « *magicien* » en fut quitte pour une année d'exil, plus ou moins effectif.

Nous ne poursuivrons pas ce récit, jusqu'au jour où, vaincu de nouveau par Pierre, Simon se tua dans une exhibition « *d'homme volant.* »

Cet espèce de contrat tacite et « *Simoniaque* » passé entre l'imposteur juif et Néron, confirme par les *Actes des Apôtres*, les conclusions de Juvénal, de Perse, de Tacite ou de Cicéron. Le Temple maître de Rome par les Synagogues et maître de l'Empire par les Juifs de la Dispersion, avait fait de Néron son « *Tueur.* »

… Au pied du Capitole, devant des fantômes de basiliques, de colonnes solitaires, de temples ruinés ; sur des parvis où roulent des tronçons… devant les cimes et les brèches des bains de Caracallas, devant ce qui fut le portique d'Octavie, le Flaminius, la Septa Julsia ou l'enceinte de Servius Tullius, atterré l'esprit confondu se pose cette question.

— Quelle étrange fureur s'est donc emparée des Hommes, pour qu'ils aient détruit tout ceci ?

Une première fois, Rome, la Rome de la IIIe période échappa à la mort par la révolte de ses soldats contre la Domination du Temple et des Juifs de la Dispersion !

Mais, pour donner au drame toute son ampleur il convient de rendre aux deux antagonistes leur stature.

La force de Rome est connue ; dans un chapitre suivant nous indiquons que la famille et la rigidité des mœurs, que le respect des Dieux, l'amour de l'honneur et de la justice, étaient à la base même de la puissance romaine.

La force de Jérusalem est ignorée. Aux légions de sa rivale la reine de Sion n'avait point de cohortes à opposer ; mais, elle abritait sous les portiques du Temple un peuple capable de mourir pour sa foi, et une organisation religieuse admirable qui pouvait donner aux Juifs le gouvernement du monde.

Le code sacerdotal d'Israël date de la période qui suivit la Captivité de Babylone (586 av. J.-C.). La grandeur des Hébreux n'était plus. Leur indépendance était morte, avec elle avaient fui les espérances de prospérité et de gloire ici-bas. Les rêves d'hégémonie, que les règnes fastueux de David et de Salomon avaient fait naître, dans les cœurs s'étaient depuis longtemps évanouis.

Toutes les routes des ambitions terrestres étant interdites à Israël, l'idéalisme irrépressible du tempérament naturel trouva issue dans une autre direction : Si la terre lui était fermée, le Ciel, qui domine la terre lui restait ouvert. Comme Jacob à Bethel, entouré d'ennemis, le Ségiste vit l'échelle salvatrice qui se perdait dans les nuages ! Les chefs d'Israël cherchèrent à consoler et à dédommager leur Nation des humiliations qu'elle avait subies dans la sphère séculière, en l'élevant au rang suprême de la sphère spirituelle.

Dans ce but ils édifièrent ou perfectionnèrent un système compliqué de rituel religieux destiné à faire de Sion la Cité Sainte, la joie et le centre du royaume de Dieu. Sous l'influence de ces tendances et de ces ambitions la vie publique devînt de plus en plus religieuse, ses intérêts, ecclésiastiques ; son influence prédominante, sacerdotale. Le Roi fut remplacé par le Grand-Prêtre, qui prit même la robe de pourpre et la couronne. La révolution qui substitua ainsi dans Jérusalem une dynastie de Pontifes à une dynastie de chefs temporels, fut semblable à celle qui fit de la Rome des Césars, la Rome des Papes, au Moyen âge.

Selon la loi lévitique il ne pouvait y avoir d'autel légitime qu'au temple de Jérusalem. Nous n'insisterons jamais assez sur cette décision, car elle créa le nationalisme, le « *racisme juif.* »

Les Juifs, dispersés à travers le monde ne pouvaient construire un autre Temple, se « *noyauter.* » Leurs regards demeuraient tournés vers Sion, vers la Montagne sainte du Moriah. Partout, ils étaient en terre d'exil, chez l'ennemi, et leurs pensées comme leurs offrandes devaient aller sans cesse vers Jérusalem opprimée. Ainsi fut créé l'admirable sentiment de solidarité qui anime Israël, mais qui se retourne férocement contre lui, quand il veut le faire servir à la domination temporelle de ses plus rapaces banquiers.

Le dogme du « *Temple Unique* » était poussé si loin que l'écrivain sacerdotal, à qui nous devons le récit du Déluge, passa sous silence le sacrifice rendu par Noé au Seigneur. Noé dressant un autel ! Un simple laïque sacrifiant à Dieu ! C'était inconvenance inouïe, empiétement monstrueux sur les droits du clergé. Le Yaviste ne peut qu'ignorer un tel sujet de scandale ! (6)

... Mais, la Passion du Christ nous révèle combien le désintéressement sacerdotal avait fléchi ! Il demeurait encore, en Jerouschalaïm, des hommes dignes des époques héroïques, Gamaliel était le Socrate de la loi, Paul de Tarse, le futur saint Paul, son élève marchait les pas dans les pas du Maître ; parmi les Zélotes, fanatiques de grands cœurs battaient en des poitrines ardentes...

Le nom romain et la majesté de César pâlissaient encore devant le prestige du Sanctuaire ! Mais, en vérité, dans la Procure de Gessius-Floras, tout était corrompu.

---

6 — Les Prêtres avaient transformé le Temple en marché aux valeurs ! Les Zélotes, de peuple juif l'avaient compris. D'où l'héroïsme farouche déployé par les classes inférieures, contre Rome et contre les Pharisiens, alliés à Titus contre la révolte populaire.

Le Temple était pourri jusqu'aux tréfonds du Saint-des-Saints.

Par son faste, par son luxe il rappelait les Temples de Babylone. En fin de compte il était devenu le centre d'une monstrueuse escroquerie dont l'univers romain était le théâtre et dont Jehovah était président d'honneur au Grand Conseil d'administration !

Les Grands Prêtres se succédaient à la cadence des Ministres de la IIIe République. En conséquence, ils étaient méprisés.

En trois ans, Issachar de Kéfar, Barkaï, Siméon Kanthera, Jonathan, Mathias, Ehonée, avaient occupé le siège pontifical. Tous, au reste, se valaient et ne valaient rien qui vaille. Un ban de gangsters de la religion. Le Tabernacle devenu le coffre-fort ; l'autel la grosse caisse. Le parvis des Gentils l'esplanade, où s'assemble la clientèle ; la Cour des Juifs, le péristyle. Il pendait des cymbales aux sept branches du Chandelier. La Table eut été le folklore des valeurs en bourse.

L'aristocratie sacerdotale ne s'était pas améliorée depuis Caïphe, malgré les sévérités d'Hérode Agrippa. Mêmes débordements, mêmes débauches de belles Juives, même morgue, même rapacité, même étalage de lucre. Le pontificat s'achetait à prix d'or ; il devenait, entre les mains de pareils aventuriers, un pressoir à superstitions, une pompe à offrandes : tout Israël crachait de force... au tabernacle.

Les pontifes traînaient des robes d'un prix fabuleux qu'ils exhibaient parmi les mendiants de « La Belle. » D'autres portaient ces fines étoffes, chères aux éphèbes et aux femmes, sous lesquelles les corps apparaissent nus. La tunique d'Ismaël Sen Fabi avait coûté 100 mines grecs, celle d'Elizzer ben Harom 20.000, c'est-à-dire 1.400.000 francs-or !

Dans cet antre, l'on goinfrait comme les Dieux de l'Olympe, pendant que le peuple des foulons, des vanniers, des marchands d'huile, et des tanneurs, grignotait les olives du Scopus et les barbeaux maigres du Cédron. De dégoût, la racaille, qui crevait de faim, vomissait. Johanan, fils de Nédevaï, réclamait pour son entretien 300 veaux, autant de tonneaux de vin et 40 paniers de pigeons. Phinebas assassinait pour une poignée d'or.

Les dîmes tardaient-elles à rentrer ! Les valets, les soldats du temple se précipitaient chez les fellahs, pillaient, fouettaient, torturaient les réfractaires. Ainsi le peuple et les prêtres inférieurs, réduits au dénuement par les exactions de l'aristocratie, s'unissaient-ils dans une haine salvatrice et commune.

La satire suivante conservée par le Talmud montre que la révolte menaçait :

> *Quelle peste que la famille Boethes !*
> *Malheur à leurs bâtons*
> *Quelle peste que la famille de Hannam !*
> *Malheur à leurs sifflements de vipères*
> *Quelle peste que la famille Kataros !*
> *Malheur à leurs plumes*
> *Quelle peste que la famille d'Ismaël fils de Phabi !*
> *Malheur à leurs poings.*

Ils sont grands prêtres, leurs fils sont trésoriers, leurs gendres commandants et leurs valets frappent le peuple de lanières de cuir !

La colère ironique des pamphlétaires éclatait surtout contre le Grand Cohène (prêtre) Iohanan d'une extraordinaire rapacité. « Elargissez-vous, ô portes, laissez entrer Iohanan Nebédaë le disciple des voraces, pour qu'il se gorge de victimes. »

Mais, qu'importaient les colères du peuple et les véhémentes apostrophes des Zélotes ? L'or du Temple ne payait-il pas des complicités juives dans l'entourage même des Césars !

Saint Paul devait s'attirer la haine léonine des Prêtres parce qu'il avait discerné chez les Grands-Juifs la tendance à travestir la loi et à vivre de la loi. Il lance à toute sa race, dans sa lettre aux Romains, les rudes invectives suivantes :

> « — *Vous qui portez le nom de Juifs, qui vous reposez sur la loi, qui vous glorifiez des faveurs de Dieu !… vous vous flattez d'être les conducteurs des aveugles, la lumière de ceux qui sont dans les ténèbres, le docteur des ignorants, le maître des simples et des enfants, ayant dans la loi, la règle de la science et de la vérité ! Et, cependant, vous qui instruisez les autres, vous ne vous instruisez pas vous-mêmes ! Vous qui prêchez qu'on ne doit point voler, vous volez ; vous qui dites qu'on ne doit pas commettre d'adultères, vous commettez des adultères ; vous qui avez en horreur les idoles, vous commettez des sacrilèges ; vous qui vous glorifiez dans la loi, vous déshonorez Dieu par le viol de la loi. Vous êtes cause comme dit*

l'Ecriture que le nom de Dieu est blasphémé parmi les Nations. »

Saint Jacques accuse les prêtres paillards et la bourgeoisie cupide de Jérusalem. Il jette à la corruption des riches, à leur avarice bornée, à leur égoïsme impitoyable et fastueux l'apostrophe célèbre (7) :

> « — *Et maintenant, riches, pleurez, hurlez sur les misères qui vont vous survenir. Vos richesses sont pourries, vos vêtements rongés aux vers ; votre or et votre argent sont rouillés et leur rouille est un témoignage de votre avarice… Or, voici que le salaire dont vous frustrez les ouvriers qui ont fait la récolte de vos champs, crie contre vous, et la voix des faucheurs est montée jusqu'aux oreilles du Seigneur Sabaoth. Vous avez vécu dans les délices de la terre et vous vous êtes livrés aux voluptés, vous vous êtes engraissés comme des victimes pour le jour du sacrifice ; vous avez tué le juste qui ne vous résistait pas. »*

Au-dessous d'une aristocratie sacerdotale corrompue, d'une magistrature vénale, d'un préfet qui partageait les dons consentis au Temple avec les prêtres (8) et prenait les femmes de son harem parmi les belles pénitentes juives, au-dessous de cette « *élite* » une masse d'imposteurs de toute provenance trafiquaient des choses religieuses.

Quant aux Zélotes, fanatiques de la loi, ils avaient engagé une lutte implacable et sourde contre Albinus, successeur de Pilate et de Festus. Ils critiquaient avec véhémence le Temple qu'ils accusaient de compromissions avec Rome. Les jours étaient proches où de grands événements allaient s'accomplir ! Pris au propre filet de ses trames et de ses intrigues, Israël devait s'effondrer sous les catapultes et les coups de bélier des légions… Déjà, les voix prophétiques de la destruction montent vers le Moriah et le Temple ; Hieron est menacé.

Un paysan, Jésus, fils de Hannam, s'était rendu à la fête des Tabernacles. Nouveau Jérémie, il fit retentir les parvis des plaintes lugubres des inspirés.

— Voix de l'Orient ! Voix de l'Occident ! Voix des Quatre-vents !

---

7 — Nos bourgeois contemporains, autant que les financiers et prêtres d'Israël, pourraient tirer profit de cette leçon.
8 — On pourrait rapprocher ceci du commerce entretenu par les hautes personnalités du Gouvernement Général de l'Algérie et de l'Intérieur avec les Marabouts Noirs de l'islam, dans le Sud-algérien.

Voix contre Jérusalem.

Il se prit à courir jour et nuit dans les rues en répétant l'Anathème. Quelques princes, quelques chefs de cohortes agacés par ses hurlements de chien malade, l'arrêtèrent et, pour lui remettre l'esprit en place, le passèrent au fouet. L'autre serra les dents, ne demanda nulle grâce et continua de hurler comme derviche aoussah.

Le Sanhédrin en demeura confondu. Craignant que cette cavalcade n'ameuta la multitude ; craignant peut-être que cette voix ne vint de Dieu ! les juges emmenèrent l'homme devant Albinus.

Le préfet ordonna que le fils d'Hannarn fut flagellé « *jusqu'à lui découvrir les os.* » On est préfet ou on ne l'est pas ! L'autre ne pria pas, ne pleura point : à chaque coup il répétait d'une voix pitoyable :

— Ah ! Jérusalem !

Albinus assistait au supplice. Il questionna le torturé.

— Qui es-tu ?

— Ah ! Jérusalem.

— Que veux-tu ?

— Ah ! Jérusalem.

— D'où viens-tu ?

— Ah ! Jérusalem.

— Ah ! Jérusalem ! Ah ! Jérusalem ! mais c'est un fou ! Relâchez cet homme !

Et l'homme se reprit à tourner.

Jésus, fils de Hannam continua ainsi jusqu'au siège, sans se plaindre de ceux qui lui jetaient des pierres, sans remercier ceux qui le nourrissaient.

« *Aux jours de fête ses cris redoublaient... et jamais sa voix ne devint rauque.* »

(Josèphe, *Bill. Jud.*, VI, ch. V).

Quand la ville fut bloquée par Titus, il se mit à galoper autour des murailles, en meuglant.

— Malheur à la Ville. Malheur au Temple ! Malheur à Israël ! Il ajouta, enfin :

— Malheur à moi !

Et s'abattit, tué par la pierre d'une machine de siège.

... Cinq ans plus tard les Vexillaires de Titus plantaient leurs aigles devant les remparts d'Agripa.

Le Temple avait failli l'emporter sur le Palatin. « *Tête d'un corps formé par tous les peuples du monde* » (9). Rome, avec stupeur, s'aperçu que l'Empire romain était bicéphale.

Ce sont toutes les phases et la conclusion dramatique de ce duel gigantesque que nous allons étudier.

---

9 — Montesquieu, *Considérations sur les causes de la Grandeur et la Décadence des Romains*.

Chapitre II

Rome conquise par les Juifs

C'EST l'an 160 avant J.-C. que les Israélites parurent à Rome pour la première fois. Judas Machabée venait solliciter la protection du Sénat contre ses ennemis.

En 139 le Préteur Hispallus renvoya les Juifs en Palestine parce qu'ils s'efforçaient de convertir les Romains au culte de Jehovah présenté sous le nom de Jupiter Sabazius Sabaoth. (Valère, *Maxime*, 1, 2, 3).

Près d'un siècle passa sans qu'on entendit parler d'eux. Pompée conquit la Judée et transporta des milliers de captifs dans la Ville Eternelle (Sivan - Juin - 63 av. J.-C.).

Depuis cette date jusqu'au jour où, Hérode (37) occupa le trône de David, les Juifs, toujours en révolte, fournirent des troupeaux d'esclaves et de prisonniers. Josèphe raconte que Cassius vainqueur vendit la population de plusieurs villes (Josèphe, *Antiquitates*, XIV, 11, 2) [10].

Indulgents à tous les peuples dont les mœurs et le costume les amusaient, les Romains firent d'abord bon accueil à ces captifs nobles de mine et riches d'esprit. Mais, bientôt, leur nombre encombra les marchés et la place publique.

---

10 — Note de l'auteur : 12.000 Juifs avaient été tués pendant le siège de Jérusalem. Pompée reçut le triomphe à Rome. Les Juifs allaient entreprendre contre leurs vainqueurs une guerre qui ne finira que par l'anéantissement des institutions romaines.

Dans les villas, dans les palais, dans les maisons patriciennes, où les serviteurs grecs, gaulois, germains, égyptiens ou berbères s'entassaient par milliers, l'ordre et l'uniformité de vie s'imposaient.

Nul moyen de soumettre ou de plier les Juifs à la règle commune. Ni menaces, ni châtiments, ni promesses n'avaient d'effet sur des gens qui, du matin au soir, se réclamaient de Dieu. Ils repoussaient comme immonde et indigne d'eux la nourriture préparée pour leurs compagnons ; ils évitaient avec une horreur exagérée le contact des objets et des animaux impurs ; ils refusaient de travailler aux jours de sabbat. Patients mais étonnés, les Romains contemplaient ces étranges gens qui, par ailleurs intelligents et souples, n'en jetaient pas moins le désordre dans les maisons romaines, « *disciplinées comme une légion.* »

En conséquence, Philon, dans son livre *Légatio ad Caïum*, écrit que l'aristocratie romaine se débarrassait volontiers des Hébreux. Elle eût payé pour les affranchir.

Libérés, hors de toute surveillance, ils retrouvaient immédiatement sur le pavé de Rome leur activité de rats à l'affût de toutes les fissures. Leur génie du commerce, des transactions et des affaires rendait de précieux services à leurs anciens maîtres. Chaque Romain de haute naissance eut bientôt son affranchi, son *liberti* juif, comme tout glaoui marocain a le sien, comme tout riche chinois a son *comprador*.

Or, la mise en liberté, accomplie dans les formes solennelles, conférait *le Droit de Cité*. Un véritable ghetto s'organisa autour de ceux qui avaient obtenu ce privilège. Les Juifs eurent bientôt leur quartier spécial, ils formèrent dans l'Etat romain un Etat à part et, bientôt, si considérable qu'il fallut compter avec lui. Naturellement, en vertu de la loi mosaïque, et, chaque année, les Rabbis, les chefs des ghetto, expédiaient au Temple les offrandes de la collectivité. À ce propos, Cicéron fut appelé à jeter le premier cri d'alarme… S'il importait peu aux Juifs de vider le pays, qui les accueillait, de sa… substance-or, rien ne les irritait comme de voir les sesterces et talents, qu'ils destinaient au Temple, consacrés à des usages profanes. Ils avaient cité Flaccus, accusé d'avoir interdit le transport du tribut sacré, à comparaître devant le juge Léluis, que Cicéron soupçonnait d'aimables trafics avec ces étonnants corrupteurs. La cause se jugeait au Forum, sur les Degrés Auréliens, à quelques pas des boutiques juives. Attirée par les débats, convoquée par ses chefs de Synagogue, la juiverie avait envahi le Forum et grouillait sur l'amphithéâtre. Des cris, des menaces, des huées accueillent la plaidoirie de Cicéron. Etonné, l'orateur se retourne, contemple un instant ce public étrange que n'intimide pas « *la Majesté de la Justice romaine.* » Les sarcasmes et les injures redoublent. Cicéron reconnaît les « *libertis* », les Juifs que l'on rencontre partout, dans les Palais du Champ de Mars et dans les ruelles puantes de Subure. Alors, l'illustre tribun baisse la voix de manière à ne pas être entendu de cette plèbe, se tourne vers Lelius, lui montre l'insolente multitude et assène cette apostrophe célèbre aux juges qui entourent le « *Président du Tribunal.* »

— *Hoc nimirum est illud quod non longe a gradibus aureliis bœc causa dicitur.*

— C'est pour vous exposer à leurs haines que Lelius a choisi ce lieu comme siège de justice (11).

Cicéron venait de mesurer avec épouvante l'étendue du pouvoir dissolvant que les Juifs avaient acquis dans Rome. Quand César s'empara du pouvoir il jugea opportun de s'attacher la riche juiverie. Il trouvait dans la puissance de son or un contrepoids au pouvoir de ses adversaires. Joséphine renchérit sans cesse sur les vertus du dictateur et la série des mesures prises en faveur d'Israël. Ce ne sont que privilèges : liberté de culte, exemptions d'impôts, et de service militaire, faveurs de justice, droit de vivre selon les coutumes bibliques, pleine licence de constituer une cité particulière, dans chaque ville, avec ses chefs, sa police, ses tribunaux. Ces concessions sont d'autant plus étonnantes que César restreignait en même temps le droit d'association, supprimait tous les collèges qui ne remontaient pas aux premiers siècles de Rome. L'on ne sait de quel tribut Israël paya de tels décrets. Les fils de Sion comprirent néanmoins le prix de tant de bienfaits. Sur le Champ de Mars, autour du bûcher, où fut déposé le corps sanglant de César assassiné, une psalmodie plaintive retentit pendant plusieurs nuits. « *C'était la veille des Juifs reconnaissants* » ; (Suétone, *César*, 42).

---

11 — Nous pourrions rapprocher l'affaire Flaccus de certaine affaire Stavisky, puis étudier et comparer les méthodes. Nous comprendrons pourquoi la justice est vénale sous des ministres vénaux payés par l'or... détourné du Temple, et comment un Juif escroc peut obtenir des remises d'audience ou de peine, quand la Juiverie tient les « *Procurators.* »

Auguste imita César. D'où s'explique, peut-être, la grandeur indiscutée qui s'attache à son nom, quoique les mœurs de Rome aient été des plus dissolues au siècle du célèbre empereur.

Tibère, le premier, prît ombrage des orgueils et des empiétements d'Israël. En l'an 19 il prescrivit le culte hébreux de Jehovah et le culte égyptien d'Isis.

La raison, en est curieuse et l'histoire vaut d'être contée.

Il se trouva que la justice romaine intentait un procès identique aux ministres des deux religions. Dans les deux cas il s'agissait d'une conversion de femme.

Les prêtres égyptiens avaient persuadé à une crédule matrone, que leur Divinité voulait s'unir à elle. Ils l'attirèrent dans leur Temple et la livrèrent à un jeune débauché qui les avait largement payés, pour jouer le rôle de... Demi-Dieu pendant quelques instants (Tibère fit crucifier les prêtres).

Les Juifs avaient agi différemment.

Quatre lévites ou scribes de synagogue avaient gagné la digne Fulvie, femme de l'honorable Cenius, à la cause d'Israël. C'étaient quelques-uns de ces Pharisiens que Jésus a flétris sous leur masque de piété ou d'innocence « *ceux qui font de longues prières pour abuser les simples et dévorer les maisons des veuves.* »

Sous prétexte d'offrandes au Temple de Jérusalem, ils avaient extorqué à la naïve et riche patricienne cent talents d'or qu'ils employèrent à Suburre avec les mimes du théâtre de Pompée. Autant que Jehovah, Cenius fut volé. Ce dernier porta plainte entre les mains de Tibère. L'affaire fut soumise au Sénat et des lois sévères furent prises contre le prosélytisme judaïque.

Évidemment, le pouvoir exécutif dépassa les bornes et se montra plus libérien que Tibère.

Marcus, Silanus et Lucius Norbanus Flaccus, consuls, pénétrèrent dans le quartier juif et enrôlèrent de force quatre mille *libertis*. On les envoya combattre les brigands de Sardaigne, avec l'espoir qu'ils succomberaient à la fièvre des marais. « *C'eut été là, dit froidement Tacite, une perte sans conséquence.* »

Mais les quatre mille refusèrent le service militaire... comme défendu par la loi. Ils furent condamnés aux mines.

Le reste des Juifs reçut l'ordre de quitter l'Italie par les premières trirèmes, en partance. Tibère, naturellement, reste maudit dans les livres classiques.

Trente ans plus tard, les Juifs renaissant de leurs cendres et d'indestructibles germes, avaient reconquis Rome. Claude dut les expulser en masse (Suétone, *Claudius*, 25).

Mais le judaïsme avait jeté de profondes racines et la tête de la pieuvre installée sur l'Ophel tenait à pousser ses tentacules partout où les légions de Rome créaient des comptoirs et des richesses. Rome était une proie mammifère qui nourrissait trop bien le Temple, pour être abandonnée. Beaucoup de prosélytes, d'enrichis, ceux que de Puységur appelle de nos jours « *Les maquereaux légitimes* », avaient goûté aux ors et richesses d'Israël. La plupart d'entre eux appartenaient aux plus hautes classes de la noblesse, à la cour même et échappaient à la rigueur des édits. Ceux que les lois atteignaient s'arrêtaient souvent aux portes de la ville. Juvénal fulmine contre le cynisme de ces bannis installés à Aricia, sur le Mont Albain.

Grâce à quelque haute influence ou par la puissance corruptrice de l'or, au premier jour propice ils rejoignaient le Ghetto où ils rentraient inaperçus, à pas feutrés.

Il ne resta bientôt plus aux écrivains, aux poètes, aux critiques et au peuple dépouillé par la cohue des usuriers de Jéhovah, que la satire et la plaisanterie. La circoncision, le sabbat, l'horreur du porc, les pieds plats, les nez étranges, les profils de bélier, la crasse juive furent le sujet de farces et de pamphlets célèbres (Horace, *S.* IV-V-IX).

Un soir, Perse s'aventure dans les rues sales et tortueuses du quartier juif. Il aperçoit les couronnes de violettes qui ornent les fenêtres et les lampions de suifs qui laissent tomber leur graisse noire sur les fleurs ; à l'intérieur des maisons les familles sont réunies, hideuses ; sur une table crasseuse une queue de thon nage dans un plat rouge... Le poète recule plein de dégoût pour cette vie sordide de bête inquiétante et rapace. Il fuit et raille le prosélyte qu'il rencontre.

« *Va donc, dit-il, va, c'est aujourd'hui fête pour les amis d'Hérode, va remuer dévotement les lèvres et tout pâle, les yeux retournés, célèbre le sabbat des circoncis.* »

Rome, spoliée, ne se contentait pas de railler. Aussi bien cette race envahissante occupait toutes les places secondaires, donnait des ordres chez les plus orgueilleuses matrones (Juvénal) et tenait tout le commerce d'argent. Rome se fâchait. De terribles pamphlets, tel celui d'Apion couraient de mains en mains, prêtaient aux Juifs tous les vices et toutes les malfaisances. Non seulement la plèbe mais les esprits les plus avertis, faisaient reposer leurs jugements sur ces calomnies, mais les répétant, les répandaient et leur donnaient crédit, or, l'on sait que de tout temps les imbéciles de toutes classes ont leurs oreilles de Rois Midas, ouvertes voluptueusement à toutes les médisances, à tous les mensonges. Les fientes de la pensée conviennent à ces espèces. Les Juifs sont assez sujets à caution sans qu'il soit besoin d'inventer. De l'absence d'idoles dans les synagogues, Lucain conclut que le Dieu d'Israël est incertain. Apollonius Molon et Flourus les traitent d'impies et d'athées. Pétrone, Tacite et Plutarque nous disent gravement qu'ils adorent l'âne et le porc. Cicéron, qui les hait depuis le lit de justice des *Degrés Auréliens*, déclare, féroce :

— C'est un peuple né pour l'esclavage !

Sénèque renchérit :

— Race scélérate entre toutes qu'il faut proscrire de l'Empire.

Quant au poète Apion il atteint au maximum dans l'épigramme et l'ironie mortelle :

— Le Juif, termine-t-il, est l'animal qui ressemble le plus à l'homme.

Et les satiriques chargent à l'envi.

Ils ne montrent, sortant des bouges où se terre la juiverie que mendiants lépreux, chassieux, ophtalmiques ou cancéreux, voleurs, brocanteurs et chiffonniers.

« *Ils encombrent les rues comme de vivants tas d'ordures, vendent des amulettes et achètent des verres cassés.* »

(Sénèque).

> « *Sales, exhalant une odeur d'égout, aussi fourbes que serviles, ce rebut d'humanité traîne une bande d'enfants, des paquets de hardes, la corbeille où les restes des repas sont à l'abri des mains profanes, la paille qui sert de lit à toute la famille* »
>
> (Martial).

C'est évidemment forcer le tableau en étendant sur toute la Juiverie puanteur et crasse. Mais la haine et la prévention dominaient les esprits excités.

Nous préférons l'accent de Juvénal. Il s'attaque aux riches, aux puissants, aux femmes romaines qui se sont laissées dominer, conquérir, prostituer par l'argent, le sale argent des métèques, venus de Grèce et de Syrie. Nous comprenons que noblesse ou bourgeoisie l'exècrent et le vouent encore aux exils de la Pentapole. Son sort serait pareillement le même en notre République de bas empire, vautrée devant l'argent, comme une fille prête à recevoir la vérole de qui la paie. Il fut le satirique intègre, impartial et dont le zèle, mûri par l'expérience, fut capable de suppléer au silence des lois. Taxé de fourberie et de méchanceté parce qu'il fouille dans les sépulcres mêmes, où gisent pompeusement ceux qui prétendent mériter de la patrie et n'en furent que les fléaux, parce qu'il a dévoué aux furies les usuriers gréco-juifs, corrupteurs des Patriciens, des empereurs et, par conséquent, du peuple imbécile qui les imite ; parce qu'il a senti, dénoncé avec une puissance prophétique la domination que les banquiers de toutes gueules et races imposeraient au Monde par la pourriture du Monde : Juvénal reste suspect, maudit et sali. Seuls les fauteurs de despotisme l'accusent et, seuls, le dénigrent les thuriféraires ou les insubstanciels crétins qui, dans la succession des siècles, firent un public à toutes les tyrannies.

Dès l'instant où l'honnête homme qu'est Juvénal accable à Rome la politique hypocrite, orgueilleuse et cupide, c'est que cette politique entretient et magnifie les pires malfaiteurs, à la fois au Saint des Saints et sur les hauteurs palatines.

L'aversion qu'inspiraient les Juifs les obligea tout d'abord à vivre à l'écart. Heureux les Israélites si ce concert de sarcasmes n'avait pas franchi le cercle des lettres. Mais, de toutes parts on en retrouvait l'écho, dans les bains, sur le Forum, sur le Champ de Mars, rendez-vous des « *élégances* », sur la Voie Triomphale, au théâtre : ils servaient de cibles à tous les brocards.

Néanmoins, dans cette haine entrait une part d'injustice. Sur le culte des Hébreux, sur les origines, sur leur civilisation, on ne possédait, même dans les classes instruites, que des idées absurdes. Tacite, particulièrement, a mêlé l'erreur à la vérité. De toute évidence l'illustre historien n'a jamais conversé avec les Juifs, ni pénétré dans leurs demeures. Il aurait découvert des livres que nous lisons encore : l'*Histoire d'Israël*. *Les Commentaires rabbiniques de Jérusalem*, *la Bible des Septante* ; le haut enseignement moral de Moïse se serait révélé au penseur, de terribles préjugés auraient pris fin et Tacite n'eut pas écrit ces lignes partiales où il nous peint les Hébreux comme un peuple « *aux mœurs infâmes* » aussi « *haïssable que haineux* » d'une religion « *noble, mais bizarre et lugubre* » (Tacite, *Histoire*, v, 2, 5).

Naturellement, les Juifs se vengeaient comme ils se sont toujours vengés. Implacables en affaires, maîtres du négoce, tenant le marché des matières premières indispensables à l'Empire, ils pressuraient, réduisaient à merci ce qui n'était pas de leur sang ou de leur alliance. Ils poussaient au pouvoir les intrigants et les ambitieux qui servaient leur sombre orgueil de domination : ainsi Tigellin et Nymphidius avaient accédé près de Néron ; et, Néron comptait trouver chez les prêteurs d'Israël les 285 millions de drachmes que la Garde Prétorienne lui demandait pour marcher contre Galba ! Chaque Synagogue avait son petit Sanhédrin(12) secret où l'on couchait, sur les tablettes et sur les livres de comptes, railleurs grands ou petits ! Malheur aux emprunteurs que le tribunal avait désigné à la vindicte du Ghetto ! avec le capital et les intérêts, c'était la livre de chair, de Shylock, qu'il fallait payer.

Ce que nous constatons à Paris, ce qui existe à Londres et New-York, ce que le Chancelier Hitler put détruire en Allemagne existait à Rome. Le statut privilégié consenti par Auguste et César avait singulièrement

---

12 — *Tribunal*. Il existe un fait aujourd'hui à Paris et dans toutes les villes importantes. Tout ennemi d'Israël est soigneusement catalogué, déterminé, suivi voire même exécuté commercialement. S'il est écrivain le pactole des fonds secrets lui est interdit, la porte des Éditeurs lui est fermée ; aucun journal payant n'agrée sa prose. Un décret d'avril 1939 contre la liberté d'écrire a sanctionné cet état de choses, ce décret rend des points, en fait de tyrannie, aux fameuses Ordonnances de Charles X. Ce décret est le décret Mandel. Il illustre l'entreprise de la Juiverie.

favorisé l'invasion juive. Non seulement le négoce, le commerce, le trafic maritime étaient aux mains d'Israël mais aucun emploi ne la rebutait. Il fallut nourrir la plèbe sur les caisses publiques, multiplier les distributions de blé et de vin parce que tous les bas métiers étaient entre les mains des émigrés de Sion, de Juda ou Samarie.

Acteurs, chanteurs, ils encombraient le théâtre et le cirque. Si la T. S. F. et l'Edition eussent existé, la Juivaille eut tenu l'industrie du livre et des ondes sous le contrôle des Sanhédrin locaux et du Temple lointain.

Les lettres en étaient infestées. Juvénal dénonce le péril que font courir à la culture et à la civilisation romaines cette invasion dévorante, fanatique et têtue. *Ad vectus Roman quo pruna et coctona vento ?*...

> « *Et je ne fuirais pas leur pourpre insolente ? Un misérable qui débarqua dans Rome, avec des ballots de figues et de pruneaux, serait dans un festin plus honorablement placé que moi ?* »

Et le sentiment national du pamphlétaire s'exaspère justement :

> « *N'est-ce donc rien que d'avoir en naissant respiré l'air et le climat d'Aventin, que d'avoir été nourri des fruits du Latium ? Ajoutez que flatteurs intrépides, un sot opulent est sûr de leurs éloges, qu'à leurs regards serviles et intéressés la laideur se transforme en beauté, la faiblesse en vigueur, un malade efflanqué en Hercule... Ils se pâment de plaisir au son d'une voix plus aigre que le chant du coq amoureux, prêt à pincer la crête de sa femelle.* »

Juvénal n'a pas connu l'ignominie des jazz et accordéons imposés par la juiverie d'Amérique sur les délicates scènes de l'art français, ils pressent néanmoins la décomposition et l'avilissement de l'art, de la pensée romaines : donc de Rome.

Le travail de corruption décomposante est mené de main de maître, nous verrons comment et à quoi il aboutira.

Les Romains, lents d'esprit, s'étonnaient de voir les Orientaux, au génie délié, prendre le pas sur eux, critiquer, plagier, piller même les meilleurs œuvres. Martial rejoint Juvénal dans la satire. Il se plaint d'être dépouillé par un Juif « *Sèche de jalousie, déchire en tous lieux mes écrits, je te le pardonne, poète circoncis, tu as tes raisons. Je me soucie peu que tu dises du mal de mes vers, tout en les pillant.* » (Martial, XI-94.)

Examinons de près le snobisme qui s'était emparé des Romains et surtout des Romaines : nous revivrons ainsi des heures contemporaines.

Les écrivains contemporains du Latium, depuis Cicéron jusqu'à Marc-Aurèle, n'ont point cessé de dénoncer les entreprises décomposantes de la Juiverie. Comment expliquer l'aveuglement romain sinon par le nôtre ? Bêtise, orgueil, incapacité par les ilotes de toutes classes de distinguer entre une genèse et une décomposition. La même matrone qui se pâmait aux accents d'un histrion de Césarée serait allé demander à Henry Bernstein des raisons philosophiques et vaginales de cocufier son mari ; on aurait oublié Pascal comme l'on oubliait Virgile, pour courir à ce cuistre banal d'Einstein !

La foule incline aux observances Pharisaïques et à l'anarchie patente qu'elles renferment à l'usage des étrangers. Les femmes qui ne rêvent que la licence dans le mariage trouvent leur compte à ces littératures dépravantes. Rome sombrera par le femélisme répandu par Israël dans toutes les sphères de la société romaine.

Chose étonnante ! ce qui attirait les meilleurs esprits de Rome vers le ghetto c'était précisément ce que le ghetto cherchait à détruire dans l'Empire : l'esprit de famille.

Pénétrant au sein du patriarcat juif, ils y trouvaient des joies pures. le calme, de bonnes mœurs, une touchante union, des femmes dociles, des hommes aimant leur foyer. On parlait d'un Dieu d'amour et de bonté qui devait réconcilier les hommes ; on vivait d'une existence modeste et probe qui convertissait les plus hostiles, dans une espèce de songe religieux précisé par les vieux livres.

Virgile considérait la Sibylle juive comme un oracle véritable. Sur sa prophétie il annonçait, après d'immenses bouleversements, le règne d'un enfant divin dont la venue répandrait l'allégresse et la paix sur la terre (Virgile, *Ecloga*, IV).

Les patriciennes, comme nos femmes du monde, comme toutes celles que névrosent l'oisiveté, le luxe et un semblant de savoir, étaient curieuses de ces nouveautés, dont elles tympanisaient leurs maris. Juvénal s'écrie : *Arcanane Juden* !

> « A l'imposteur égyptien succède une Juive qui vient de quitter sa corbeille et son foin. Tremblante, elle s'approche et mendie à l'oreille superstitieuse qui l'écoute. C'est l'interprète des lois de Solyme (nom poétique de Jérusalem), la fidèle messagère des célestes décrets. On la paie, mais peu généreusement,

moins que le prêtre Egyptien, car les Juifs vendent toutes les rêveries que vous souhaitez. »

Amoureuses de mystères, dévoyées du foyer latin, femmes honnêtes dégoûtées des excès de l'orgie romaine, causée précisément par le travail souterrain d'Israël, de nombreuses femmes s'affiliaient au Mosaïsme. Dans les cimetières juifs de Rome, des patriciennes, appartenant aux nobles familles des Flavii, des Fulvii, des Valerii dorment auprès de leurs sœurs Solyménites. Paula Veturia, selon la pierre tombale que nous avons reconnue et déterminée, avait 76 ans au temps de sa conversion, elle vécut seize années dans la synagogue.

Le courant était irrésistible, quoique moins suivi par les hommes... que la circoncision arrêtait ! (13)

Le petit-fils d'Auguste ayant refusé, à Jérusalem, de sacrifier à Jehovah, ce refus prit la proportion d'un événement. Le fier jeune homme considérait qu'il n'avait rien à rendre au Dieu des Juifs, puisque les Juifs ne rendaient rien à Jupiter.

Auguste félicita son petit-fils, comme s'il eut accompli un acte d'héroïsme civique. Ces félicitations nous autorisent à constater que l'empereur ne protégeait le mosaïsme que par politique.

À Rome, deux synagogues portaient le nom de César et celui d'Agrippa. Les fils d'Hérode élevés au Palais, pratiquaient leur culte.

Hérode Antipas eut la confiance de Tibère.

Hérode Agrippa fut le confident et le protégé de Caligula. Ce fut lui qui éleva Claude au trône. Répétons que la Juive

Poppée était toute puissante sur Néron.

Au reste les Israélites de classe inférieure s'infiltraient dans le Palais derrière leurs hauts protecteurs. Intendants, majordomes, scribes, ils régentèrent rapidement tous les services et la valetaille. Les vieux centurions de garde frémissaient à les voir circuler, orgueilleux et rampants tout à la fois. Un affranchi de la province de Samarie fut assez riche pour prêter à Hérode Agrippa plus d'un million (francs-or).

Nous avons relevé dans les vieux cimetières de Rome qu'une

---

13 — Croit-on qu'elle arrêterait certains contemporains, qui, néanmoins mènent grande croisade contre Israël dont ils rêvent, par les femmes, d'enlever l'or ?

femme de la maison de Claude était Israélite ; de nombreux « *liberti* », portaient le nom d'impériales familles : Julius, Claudius, Flavius, Aetius, Aurelius et Valerius (14).

Au début, les affranchis juifs s'installèrent sur la rive droite du Tibre.

En vertu d'un mimétisme qui leur est cher quand ils ont tout à craindre, ils se mêlèrent au rebut de Rome, à la pouillerie des industries sales et des métiers douteux. Les peaux des chiens écorchés infestaient l'air (Martial) autant que les poissons pourris du fleuve et les déchets des tables patriciennes.

Quittant l'esclavage, les Juifs acceptèrent ce sinistre séjour et ne dédaignèrent aucune profession. L'essentiel pour eux était, d'abord, d'assurer leur indépendance ; ensuite, ils peuplèrent toute cette XIVe région : la Transtevère, réservée au petit commerce. Ils s'étendirent sur les pentes du Vatican, à cinq cents mètres du fleuve. Ils étaient à l'abri des inondations que submergeaient la basse-ville. Les gabarres venant d'Ostie débarquaient leurs marchandises sur cette rive du Tibre, les intermédiaires et les coursiers juifs, installèrent leurs comptoirs, montèrent boutiques, au port.

Dés l'aube, les revendeurs juifs filaient vers le Velabre, le Palatin et le Champ de Mars, comme une cohue de corneilles criardes ; Ils réveillaient Martial que cette quotidienne galopade mettait de méchante humeur :

> « *Ils poursuivent tout le jour,* écrit-il, *leur commerce, cupides, infatigables. On les rencontre dans tous les lieux fréquentés par la foule, de préférence, sur la voie Appienne, où se promènent les riches, où affluent les chars, les litières, les cavaliers. Ils ont établi des bazars à la porte Capène, étalent, vendent n'importe quoi, pendant que d'autres tendent la main* »
>
> (Martial, X, 11, 47)

> « *Le bosquet et la forêt d'Egerie étaient proches, ces vagabonds déguenillés*

---

14 — Il est, vrai que, chez nous, les Juifs se sont affublés de noms très Français appartenant à l'aristocratie du nom, des lettres ou de la vieille paysannerie. Ces prénoms impériaux procèdent peut-être de la même et cynique présomption.

y font leurs ablutions et souillent les frais abris où Numa s'entretint avec sa divine conseillère. On a chassé les Nymphes et la forêt mendie. »

(Juvénal, S. III, 10-15)

S'ils n'étaient grecs les marchands de pastèques, d'oranges, de citrons, de figues, de raisins, et... de toges usagées, étaient Juifs.

Vespasien, qui les avaient rossés en Galilée, renonça à expulser cette gélatine humaine, tenace, collante, coulante, irrésistible dans sa lente progression, comme une marée de fanges mouvantes. Il donna aux Juifs ce qu'ils envahissaient :

« *Le bois qui entoure la fontaine sacrée, la chapelle même, sont loués à des mendiants juifs dont tout le mobilier consiste en un panier rempli de paille. Chaque arbre paie tribut au peuple romain* »

(Juvénal, *Satire* III).

« *Cette cohue laissa deux cimetières pleins à la porte Capène... On est soulagé à la pensée que ces gens-là meurent !... comme les autres.*

Après la Ire et la XIVe Région ce fut au tour de Subure. Logements à vils prix, sentines puantes, refuges douteux, labyrinthes du crime et de la misère, la criarde, la bruyante Subure offrait aux Juifs les mêmes ressources que la Transtevere. En cette Cour des Miracles s'exerçaient les métiers les plus étranges et les plus bas : marchands de beignets, de fouets pour esclaves et de ceintures pour prostituées ; apothicaires douteux fréquentés par Locuste ; entremetteuses au profil de sorcières, savetiers, hêtres, coupeurs de viandes, receleurs de mets volés, grouillaient, s'installaient, hurlaient leurs spécialités sous les porches ou sur les escaliers des maisons à cinq étages. »

(Friedlander, *Mœurs Romaines*).

L'invasion progressait.

C'était la marche du Quartier Saint-Paul au Quartier de l'Étoile, de la rue des Rosiers, aux Champs-Elysées.

Devenus riches, opulents, les Juifs sortis de Subure s'installaient au Champ de Mars. Dès lors ils devenaient les fournisseurs et les banquiers des Patrices, des Matrones affolées de luxe, et des démachères (15).

---

15 — Raffinés du siècle de Néron. Dans le cirque ils combattaient sans bouclier, sans casque, sans cuirasse et sans ocréa (bottines de bronze), trop

Le Champ de Mars était le rendez-vous de l'aristocratie romaine. On allait là, pour voir et être vu. De somptueuses vitrines révélaient les merveilles de l'art et du luxe grec, égyptien ou syrien. Les Indes et la Perse aboutissaient au Champ de Mars. Là, les nobles promeneurs et les élégantes patriciennes achetaient la pourpre, l'airain de Corinthe, les vases de Murrhe, les bijoux ciselés d'Alexandrie, les légères merveilles d'Athènes. Sous les arcades du Théâtre, une table en bois de citre fut vendue 800.000 sesterces (175.000 fr.), au siècle de Cicéron. Un tapis de Babylone atteignit le prix fabuleux de quatre millions de sesterces, près de 1.100.000 francs. Et, les marchands, capables de soutenir un pareil commerce, constituaient une tribu… juive qui formait une corporation fermée ayant sa synagogue à part. Tout ce que les légions romaines pillaient, tout ce qui servait au Triomphe des Vainqueurs, aboutissait soit aux Arcades, soit au Panthéon, soit au Portique des Argonautes, et retournait en offrandes expiatoires au Trésor de guerre et de propagande du Temple !… Et l'on songe aux coffres cachés à la caverne du Vieux de la Montagne, plus qu'à la gloire de Jehovah… Mais l'on se sent également pris du rire sarcastique du Cynique, devant cet orgueil, cette richesse, ce snobisme et cette sottise des riches romains, dévalisés par les Juifs. En tout ceci, où sont les Justes !

La Juiverie refluait jusqu'à la Septa-Julia, rien ne l'empêchait d'atteindre aux jardins de Salluste et de Lucullus. Elle passa outre et s'organisa dans la cité conquise.

Sous Néron, elle possédait la moitié des immeubles ; outre les Sept Synagogues connues, beaucoup d'autres étaient disséminées, attentives, dominatrices, sur la Ville Eternelle.

La population juive était divisée en paroisses, chaque congrégation avait ses fidèles, ses dirigeants, son sanctuaire, un chef secret que chacun ignorait et qui ne paraissait pas gouverner la communauté.

À Rome, Israël s'adaptait à la loi de César. Il ne fallait pas éveiller l'attention et la méfiance, il convenait de respecter, en apparence, les institutions romaines… et de n'obéir en réalité qu'aux souveraines suggestions de Jérusalem.

À Alexandrie, il en allait tout autrement. Les Israélites avaient, à leur

---

lourdes pour leur préciosité.

tête, un Ethnarque (Josèphe), ensuite ils constituèrent un Sénat. Établis dans cette ville depuis sa fondation, formant un parti robuste et solidaire, les Juifs y dominaient et constituaient impunément un pouvoir politique incontrôlable, redoutable par son union… Ils payèrent leurs excès d'un pogrome épouvantable.

Les Juifs découvrirent rapidement la fissure qui leur permit de pénétrer et d'effriter l'organisation sociale de Rome. Ils se constituèrent en associations, en « *collèges.* »

Leur nombre était considérable et l'on s'explique pourquoi Tibère le réduisit à celui de la genèse. Les Juifs ne pouvant fournir de lettres d'ancienneté furent contraints de supprimer leurs « *collèges* » à Rome, les citoyens avaient le droit de s'unir en corporations. Il en existait de toutes sortes et à toutes fins : corps de métiers, assemblées de partis politiques, sociétés de secours mutuels, qui assuraient à leurs membres des ressources pendant leur vie ,et une sépulture honorable. Certaines, appelées « *Sodalités* », pratiquaient un même culte. Aucune religion ne s'implantait dans Rome sans qu'une *Sodalité* ne fut immédiatement instituée. Pour observer leurs rites et la loi, les Juifs n'eurent qu'à se constituer en confréries religieuses. Ils obtinrent ainsi la protection que les magistrats devaient à tout « *collège* » (16). Comme on le voit, Jupiter était bon prince et Rome bonne fille. En Jérusalem la hargne soupçonneuse de Jehovah n'eut point autorisé un tel damier de religions.

La chose essentielle, pour les Juifs, fut de ne pas se réunir en une association unique avec ses statuts et son chef. Soixante mille individus, formant un même corps, auraient inquiété les autorités romaines ; répartis, noyautés en corporations différentes, dont chacune avait son chef et son sanctuaire, ils rentraient dans le droit commun, s'en assuraient tout le bénéfice et persévéraient dans l'œuvre ténébreuse, sanctionnée, dirigée secrètement par le Sanhédrin de Jérusalem.

---

16 — Calixte (189-199) qui devait un jour être Pape, avait troublé une assemblée juive. Il fut traduit devant Fusciani, préfet de la Ville et condamné aux Carrières de Sardaigne.

Quand César, quand Néron, sous l'influence de Poppée, accordèrent le libre exercice du culte et donnèrent pouvoir aux chefs des synagogues de gouverner et juger leurs fidèles, ils constituèrent un État juif dans la capitale romaine. Ne cherchez pas plus longuement à comprendre pourquoi. Néron, le pire des monstres gouvernant que l'humanité ait produit ; ne cherchez pas à savoir pourquoi Néron, qui synthétise à lui seul tous les vices, toutes les sanies, toutes les corruptions, tous les crimes, toutes les sadiques démences d'un ministère de la démagogie française d'après-guerre (17), ne demandez plus pourquoi Néron n'est pas maudit, voué aux gémonies, jeté hors son tombeau : Néron a protégé la Synagogue et le Pharisaïsme. Parmi tous les empereurs le plus populaire est Néron. J'ai visité la maison de Néron, les bancs de Néron, la tour de Néron. Échappant à l'insupportable filature de la police italienne, à une espèce de roussin noir qui, pour la cinquième fois, m'abordait sur la place de Venise, je filai par l'enceinte de Servius-Tullius, jusqu'à la porte Collina. Par la *via Nomentane*, qu'avait suivie Néron, dans sa fuite ; un homme du peuple, un vigneron me conduisit droit à la Serpentara. Dans quelques pierres éparses au milieu de cette magnifique plaine de Rome jonchée de ruines incomparables, le vigneron me désigna la place exacte où Néron s'était suicidé. Je fis du brave homme mon ami de quarante-huit heures : si je déteste la police et plus particulièrement la police italienne, j'aime le paysan autant que le pêcheur d'Italie. Le lendemain, il me conduisit vers une ruine oubliée, et sur la colline des Jardins.

— Voilà, me dit-il, le tombeau de Néron.

Je fis semblant d'y croire. Mais explique qui pourra l'oubli dans lequel sont tombés, aux mêmes lieux, Titus ou Marc-Aurèle... !

Facile à expliquer : « *Ils n'ont point protégé la Synagogue, ils ont combattu le Temple : l'Hiéron.* »

Les Concessions césariennes, payées fort cher, étaient, pour les Israélites de toute première importance. La loi mosaïque, les préceptes traditionnels des rabbis régissent, en effet, non seulement les pratiques religieuses, mais les actes de la vie publique et privée. Il s'agit donc d'un code spécial, inconnu des « *gentils* », des « *goïms* », des hommes d'autres et inférieures espèces. Les Romains ignoraient ce code. Pour

---

17 — Ce livre fut écrit en 1938-1939 avant le désastre de 1940.

l'appliquer, il faut des tribunaux particuliers, des magistrats qui soient à la fois juges, docteurs, interprètes de la Bible. Dans les villes de Judée, les chefs de Synagogues remplissent toutes ces fonctions, le peuple leur accorde un respect profond, et leur consent une obéissance absolue. Leurs sentences, comme leurs prédications passent pour la voix de Dieu !

César et Néron se rencontrèrent pour placer Israël au-dessus des lois romaines : l'or est puissant. Forts de leurs droits, les Juifs s'organisèrent dans Rome à l'exemple de Jérusalem. Ils créèrent une aristocratie religieuse qui se transmet le gouvernement sans y laisser accéder ni le peuple, ni les lévites, ni les convertis. Ces derniers considérèrent le préjugé pharisaïque comme odieux. Certains rejoignirent les Chrétiens échappés aux massacres dans les catacombes.

Comprenant qu'ils exagéraient dans les manifestations de leur cupidité et de leur orgueil racial, les chefs revinrent sur leur décision. Par compensation, ils créèrent les titres de « *Pères et Mères de la Synagogue.* » *Pater et Mater Collegii*, disaient les Romains…

Quand saint Pierre-le-Juif pénétra dans la ville des Césars, il se trouva face à face avec une organisation juive aussi puissante que celle dont Caïpha s'était fait le défenseur implacable et féroce. Saint Pierre devait succomber devant cette organisation, comme le Christ avait succombé devant celle de Jérusalem.

Nous allons voir sur quelle litière de décompositions Israël avait jeté la cité d'Auguste.

Chapitre III

Rome décomposée par les Juifs

C'EST dans l'une des ruelles où s'entassaient les « *affranchis* » du Transtevère et de la Porte Capène que saint Pierre prit gîte, quand il arriva de Palestine, talonné par les Prêtres et les Grands Juifs de Jérusalem.

« *Babylone !* » s'écriait-il épouvanté des désordres de la Ville impériale.

Aucune expression ne peut rendre plus puissamment la corruption dont la cité de Romulus était atteinte jusqu'aux os. Les historiens, les auteurs qui, depuis plusieurs siècles, atténuent les sévérités de Tacite, de Suétone ou de Juvénal ont inconsciemment partie liée avec la force dépravante qui, descendue de Sion, alliée aux Grecs et aux Prêtres d'Isis avait un intérêt direct à abattre la puissance romaine.

Les Prêtres ont fomenté et dirigé le complot. Leurs dupes n'en sont pas plus excusables.

Il fallait donc à Pierre un courage de saint pour entreprendre de régénérer le monde romain, car il fallait combattre, et le Sanhédrin, qui avait condamné le Christ, et Néron, soudoyé par le Sanhédrin. Examinons l'état de l'Impériale cité à l'arrivée de l'Apôtre.

... Rome fut surtout grande à son berceau. La Louve, alors, était saine et robuste, râblée d'encolure et rude de griffes. Rome possédait en naissant ce qui lui donna l'empire du monde et ce qui le donne, en tout siècle aux peuples volontaires : la famille puissamment organisée et féconde ; l'amour jaloux de la liberté et de l'honneur, le culte de la justice, du droit et de la foi jurée. Une vie pauvre, austère, laborieuse et digne, partagée entre la charrue et les armes ; aucun souci du luxe, ni des arts, telle était le sort du citoyen romain.

« *La majesté paternelle était portée au suprême degré, écrit Tite Live, il est d'ordre des Dieux que l'homme commande.* » Il n'était point, en effet, de plus haute dignité pour l'homme, qui obtenait par elle la plénitude de ses devoirs, la plénitude de ses droits, devenait le maître incontesté de la maison.

Qui détient les responsabilités, qui peut payer de sa liberté, voire même de sa vie les égarements ou les folies des siens, doit détenir le commandement.

En dehors de ce principe il n'y a qu'anarchie, malheur et déchéance. Israël, qui ne l'ignore point, avait soumis aux mêmes décrets la famille patriarcale. La révolte de l'épouse contre le mari et des enfants contre le père, est un article d'exportation répandu par les Juifs chez les peuples qu'ils colonisent.

Comme sous la tente d'Abraham, la dépendance de l'enfant, à Rome, était absolue. Jeté dès sa naissance aux pieds du père il ne vit que si celui-ci le reconnaît comme sien. Il grandit, revêt la toge virile, devient citoyen, choisit un métier, s'élève même aux plus hautes charges de l'Etat, devient à son tour chef de famille, mais n'échappe jamais entièrement à l'autorité paternelle.

« *Mœurs trop rigides* » diront nos beaux esprits contemporains. En quel état de honte et de dégoût, de misère morale et physique, les principes contraires, ont-ils mis les Etats qu'ils ont ruinés et corrompus ? (18)

L'anneau de fer passé au doigt de l'épouse, au jour des fiançailles, lui laissait entendre que le lien conjugal serait dur. Dans le droit primitif, la femme demeurait en tutelle. Trois siècles seulement avant J.-C., elle fut autorisée à disposer de sa dot et de ses biens paraphernaux.

---

18 — Nous devons nos désastres à l'abandon des principes familiaux. Il n'y avait au front que des « *fils de divorcés* » n'ayant pas même une famille à défendre… et à aimer.

Rude condition assurément, mais qu'on songe aux barbaries qui menaçaient Rome de toutes parts et qui réservaient aux captives les pires hontes et les pires servitudes. La famille était organisée, défendue comme un bastion et ces bastions intangibles, constituèrent la haute forteresse latine.

Si, loin de miner le mur que les légions avaient construit entre les Barbaries et la Civilisation, le Temple avait composé avec la Tolérance de César et d'Auguste ; si, dans son orgueil il n'avait point pris cette tolérance comme une marque de faiblesse et d'aveuglement ; si, l'alliance, souhaitée par les Romains, avait pu se réaliser sincère du Mont-Palatin aux cimes de Sion, jamais les houles asiatiques n'eussent recouvert l'Europe ni étouffé l'Occident, sous leurs grouillements sauvages et crasseux.

L'orgueil de l'aristocratie sacerdotale et sa cupidité, la haine vouée par le Sanhédrin à tout ce qui n'était pas juif ; le fanatisme des Zélotes rendirent tout accord impossible. Il fallut en découdre.

... Dès la conquête de l'Orient la dépravation pénètre Rome. Ces ramassis d'esclaves judéo-syriens, égyptiens ou grecs qui s'installent en ses murs, traînent dans leurs guenilles, toutes les pestes.

En quelques années, la corruption fut à son comble. « *Unde hæc monstra tamen ?* » s'écrie Juvénal.

> « *D'où viennent ces monstrueux désordres ? de quelle source ? Une humble fortune conservait autrefois l'innocence des femmes latines : de longs travaux, un sommeil court, les mains endurcies à préparer la laine, Annibal aux portes de Rome et les maris en sentinelles sur la porte Colline, garantissaient leur maison des atteintes du vice. Tous les crimes, tous les forfaits qu'enfante la débauche, règnent ici depuis que Rome vit périr sa noble pauvreté... Ainsi l'argent, l'infâme argent, premier mobile de nos dérèglements, introduisit parmi nous les mœurs étrangères : les richesses corruptrices pervertirent, par un luxe honteux les antiques vertus de Rome.* »

« *Polybe rejoint Juvénal auquel tous les marchands d'argent de Rome* » ont reproché ses soi-disant exagérations [19].

---

19 — La flibuste d'usure et de banque n'avait pas encore inventé le terme de « *Maîtres-Chanteurs* », concernant les Pamphlétaires. Voir : France 1940.

« *La plupart des Romains, écrit le grave historien vivent dans un étrange dérèglement. Les jeunes gens se laissent entraîner aux plus honteux excès. On s'adonne aux spectacles, aux festins, aux profusions, aux libertinages de tout genre dont on n'a que trop évidemment pris l'exemple durant la guerre contre Persée.* »

Caton, Salluste, Tite Live, Pline, Justin, Martial Perse, Platon parlent de même. Sodome et Gomorrhe ont vaincu la Cité. Il suffit aux « *affranchis* », aux « *libertis juifs* », aux usuriers du Transtevère, d'exploiter ce triomphe, Poppée et les intendants juifs dont elle encerclait Néron, achevèrent de frapper Rome à la tête.

De tous les déportements le plus fatal à la famille romaine fut l'ignominie qui perdit Sodome. La Grèce, dont ce mal porte le nom essayait de pallier sa honte. Comme un Club juif qui remplit Paris de son bruit insignifiant, et de ses entreprises commerciales ; comme les dépravés de notre époque qui bafouent toutes les vertus, les Grecs prétendaient dissimuler par le culte et l'amour du beau ce désordre abominable épuisant et vil. Rome ne connut pas cette pudeur, elle eut comme Paris ses Pédérastes de lettres [20], de politique, de bourse, elle eut ses troupes de Gitons [21] qui prétendaient sur le Forum, qu'on ne pouvait avoir de génie si l'on était pas pédéraste. Cette confrérie eut « *naturellement* » son groupe parlementaire au Sénat. Elle défendait ses privilèges et ses plaisirs spéciaux.

... **L'homme s'use vite à l'infamie.**

On s'en aperçut à l'éloignement qu'affectaient ces générations vidées, lâches, devant le mariage et les devoirs austères.

> « *Plus d'enfants ! plus d'unions stables et fécondes. On ne vante que la stérilité. On ne veut même pas de fils unique. Qui possède un enfant passe pour un esprit inférieur. Et, qui s'est sacrifié pour élever une famille refuse, non sans raison, de sacrifier ses fils sur l'autel d'une Patrie, avilie par de pareilles mœurs.* »

(Pline).

---

20 — Au Club du Faubourg, au lendemain de la guerre on démontrait qu'un homme supérieur ne pouvait être que pédéraste ou syphilitique.
21 — Sénèque et Suétone : César était le mari de toutes les femmes et la femme de tous les maris.

Sénèque et Tacite tiennent le même langage. Dans les derniers temps de la République les célibataires l'emportaient eu nombre sur ceux qui se résignaient à engendrer un Ethiopien ou quelque étrange vibrion portant la tête du gladiateur Euryalus (Juvénal).

Comme, d'autre part, pour être Romaine l'on en était pas moins femme et portée tout autant sur le solide Centurion que sur l'originaire de Lesbos, il en résultait que le Tibre charriait par ban les nouveau-nés que les femelles de cette horde affolée, n'abandonnaient pas autour du Grand Cirque ou sur les marches de Marcellus. Selon l'endroit où les patrouilles des décurions découvraient les jeunes romains nés de la nuit, les légionnaires hilares déterminaient si les petits étaient issus de nobles patriciennes ou de plébéiennes retournées à Subure.

Auguste essaya d'enrayer le mal. Par sa fille et sa petite-fille il avait mesuré le terrible danger que faisaient courir à l'Empire les débordements cyniques de ces frénétiques femelles. Il institua la loi Papia Poppœa.

Cette loi, dont nos politiciens s'inspirent actuellement pour tenter de maintenir le cheptel français, en non déficience entrait en lutte contre la dépravation du sens naturel. Elle s'appuyait sur une passion fort répandue dans Rome : la poursuite des successions.

En ce temps de hautes baignoires et de thermes chauds les héritiers directs étaient rares ! L'on regardait avec la même curiosité une matrone et ses deux enfants sur la Via Flaminia, qu'on regarde une jeune mère dans le Métro parisien. Ceci tenait du phénomène. Glisser son nom dans le testament d'un célibataire était industrie à la mode et sûr moyen de s'enrichir. Cicéron se vantait d'avoir ainsi gagné vingt millions de sesterces. Mieux que personne, Auguste estimait cette source de revenus, puisqu'elle rapportait chaque année quarante millions de legs. Il interdit aux célibataires de recevoir un héritage en dehors de leur famille. Pour les citoyens mariés, sans postérité, le droit était restreint de moitié. Trois enfants assuraient pleine faculté de recevoir les donateurs, double part dans les distributions publiques, l'exemption de nombreux impôts, un accès plus prompt aux honneurs, une meilleure place au théâtre, au cirque, partout, le pas, sur les hommes de même rang et de même dignité.

… Ce fut le *justrium liberorum*, privilège très envié mais qui disparut avec les autres institutions. On le galvauda. On le concéda d'abord aux

Vestales, puis aux soldats qui ne contractaient pas mariage. On finit, de dépravation en dépravation par l'accorder... aux célibataires. Ainsi ébranlée, luttant d'ailleurs contre un torrent de saturnales, la loi *Poppœa* fut oubliée comme un simple décret-loi et le foyer romain acheva de crouler.

Habilement, l'offensive, comme dans nos sociétés modernes, avait été dirigée contre la cellule initiale : la famille. La Matrone n'existait plus.

Alors même que dans une nation l'homme oublie ses devoirs, la femme en restant digne empêche la décadence. À Rome, les femmes menaient le branle, comme elle le mènent à Paris.

« *Depuis la censure de Messala et de Cassius l'antique chasteté était perdue* » (Pline) et, dans les louanges que Tacite prodigue aux femmes des Germains, il est facile de reconnaître qu'il souhaite tant de vertus aux Romains. Tacite écrirait, comparativement les mêmes pages, aujourd'hui : La Femme allemande fait le triomphe de l'Allemagne.

Ouvrons Juvénal.

> « *Hippia, femme d'un sénateur, suivit un histrion jusqu'au Nil, jusqu'à la ville trop fameuse de Lagus où la monstrueuse turpitude de nos mœurs révolta les habitants même de Canope. Oubliant sa maison, son époux, ses sœurs, ses enfants, elle quitta sans regret sa patrie. Quoique élevée au sein des richesses, dans la maison paternelle où son enfance avait reposé, elle brave la mer, elle brave les flots : elle avait déjà bravé l'honneur que ses pareilles bravent sans regret. Elle affronte avec intrépidité les ondes mugissantes de l'Ionie ; rien ne l'effraie au milieu de tant de mers qu'elle franchit... Mais survient-il un motif honnête et légitime de s'exposer au danger, la terreur glace les femmes, leurs genoux chancellent et fléchissent, courageuses seulement lorsqu'il s'agit de se déshonorer.*
>
> « *Qu'un époux l'ordonne, il est dur de s'embarquer : la sentine infecte, le grand air étourdit : mais celle qui suit sen amant a toujours le cœur solide.* »

La prostitution hante le palais impérial.

> « *Ecoute ce que Claude eut à souffrir. Dès que son épouse le croyait endormi, préférant le grabat numéroté au lit impérial, cette auguste courtisane sortait du palais, suivie d'une seule confidente, se glissait à la faveur des ténèbres et d'un déguisement dans une loge fétide et misérable qui lui était réservée.*

> « *C'est là, sous le nom de Lycisca, que Messaline, toute nue, la gorge retenue par un réseau d'or, dévouait à la brutalité publique les flancs qui portèrent le généreux Britannicus.* »

Vieilles, l'égoïsme du mâle, réplique à l'égoïsme de la femelle, on les quitte, comme Bibula ou c'est un affranchi gréco-juif qui les jette à la porte.

Mais, belle et jeune, elle règne : il faut que son mari lui donne des pasteurs, des troupeaux dans la Pouille et des vignes à Palerme. Bagatelle ! Il lui faut des légions d'esclaves. Est-il quelque chose chez sa voisine qui ne soit pas chez elle ? Qu'on l'achète ! Même au mois de décembre, quand la neige couvre les routes, il faut aller aux régions lointaines lui chercher de grands vases de cristal, puis des vases murrhins et les plus amples ; elle exige encore ce diamant célèbre, devenu plus précieux au doigt de Bérénice : car cette incestueuse princesse le reçut de son frère Agrippa, dans cette contrée où les rois célèbrent le sabbat, les pieds nus, et où une antique superstition laisse vieillir les pourceaux (Comique allusion aux mœurs… gastronomiques des Juifs).

La jeune fille n'était plus élevée dans l'amour du foyer. Elle n'en avait point connu les douceurs dès l'enfance et prenait ces habitudes « *d'indépendance* » qui, de tous temps, n'ont été que besoin de se singulariser, et causes directes de la répugnance de l'homme pour le mariage.

Les jeunes Romaines ne grandissaient plus sous le regard maternel. La mère avait bien d'autres chats à fouetter ! Elles n'apprenaient plus à filer, à tisser, ni à parer leurs maisons de fleurs. Elles ignoraient les devoirs de la vie.

> « *Lorsque j'entrai dans une de ces écoles où les nobles envoient leurs enfants, j'y trouvai plus de cinq cents jeunes filles et garçons qui recevaient au milieu d'histrions et de gens infâmes des leçons de lyre, de chant, de maintien. Je vis un enfant de douze ans exécuter une danse indigne des plus impudiques valets* »

(Scipion Emilien).

Les jeunes romaines que l'on ne confiait pas aux écoles publiques étaient élevées par des esclaves, pédagogues, égyptiens, grecs ou juifs. Ainsi les femmes se débarrassaient du soin d'élever leur progéniture, « *L'Heure* » du Cirque ; « *l'Heure* » du Champ de Mars passaient avant les heures maternelles.

> « *Autrefois, la première gloire d'une matrone était de garder la maison et de veiller sur ses enfants. On choisissait aussi quelque parent âgé, d'une vie irréprochable, qui surveillait la génération naissante, et dont la seule présence interdisait toute parole honteuse, toute action malfaisante. Mais, aujourd'hui, l'enfant est remis à une servante orientale, à qui l'on adjoint un ou deux esclaves, incapables de tout grave devoir.* »
>
> (Tacite)

Plutarque est catégorique. De toute la hauteur de son génie il assène la phrase suivante à ce grouillement d'animaux détraqués.

> « *La plupart des hommes tombent dans une aberration risible : quand ils ont un esclave honnête, ils en font un laboureur, un pilote, un intendant, un commis de comptoir ou de banque ; mais qu'il s'en trouve un, ivrogne gourmand, inutile à tout, c'est à celui-là qu'ils confient leurs enfants.* »

Il était presqu'impossible à la jeune fille d'échapper à la dépravation du premier âge. Elle trouvait au chevet de sa mère les livres corrupteurs qui lui apprenaient « *l'Art d'aimer ?* » et l'on sait ce que parler veut dire.

Ovide et Catulle étaient dans toutes les mains, aux parois des murailles, sous les portiques, dans les salles, peintures et statues complétaient par… des leçons de choses l'enseignement théorique des auteurs « *gais.* »

Nous avons dit que les acteurs juifs avaient envahi le théâtre. Aucune pièce écrite par eux n'est parvenue jusqu'à nous Le temps fait litière de toute mauvaise littérature. Mais l'on devine que les œuvres flattant la dépravation féminine, les fameux « *états d'âme* » qui sont… état d'autre chose, les attaques dirigées contre l'autorité maritale faisaient fureurs et recettes. Littérairement parlant, la juiverie eut à Rome « *sa répétition générale.* » Elle en est depuis à la « *centième* » à travers le monde… Le « *truc* » est interchangeable.

Des farces pleines d'obscénités sont données sur les scènes du Pompée, du Balbus et du Marcellus. « *Vénus et Mars, Danaé, Galymède, les Amours d'Hélène* », ont leurs tableaux vivants au cinquième acte. « *La matrone qui entrait chaste, aux jeux publics, en sortait éhontée.* » Ce jugement de saint Cyprien aide à comprendre pourquoi les Chrétiens de Rome qui bannissaient le théâtre accumulaient sur leurs têtes les orages que déchaîna le mime Néron.

Le cirque n'était pas moins funeste aux femmes. Les égorgements, les torches humaines, les massacres de l'arène accoutumaient leurs regards au sang, à la mort, leurs oreilles aux hurlements de la souffrance. De retour chez elles les fouets sifflent sur le dos des esclaves.

Qu'on ne prétende pas que les jeunes filles et les mères honnêtes n'assistaient point aux féroces jeux de l'Amphithéâtre.

« C'est au milieu du Cirque sur les remparts de Tarquin que les devins populaires rendent leurs oracles aux femmes, c'est là que la plébéienne, qui n'a jamais étalé d'or sur son cou, vient apprendre d'eux si elle ne doit pas quitter le cabaretier et rejoindre le fripier »

(Juvénal, VI).

« Nombreuses, elles viennent pour voir, mais plus encore, pour être vues. C'est là que la chaste vertu fait naufrage »

(Ovide).

Mêmes débordements à l'intérieur des Palais où se vautre l'aristocratie. À table elles s'étendirent bientôt comme les hommes et au milieu d'eux. On n'entendait que chants bachiques et propos dissolus (Juvénal, XI, *Le luxe de la table*). Sénèque dépeint les matrones prolongeant les veillées d'ivresse, faisant assaut de beuveries avec leurs moitiés, comme eux, vomissant pour reboire encore et Juvénal charge à fond dans la VIe Satire.

— Il n'est pas un rapprochement que l'on ne puisse faire entre la décadence romaine ; les plus abominables époques de notre histoire et le siècle actuel. Nous retrouvons les mêmes sournoises manœuvres, les mêmes idées fausses et, en particulier, les mêmes théories juives, sur la fameuse « égalité » entre les hommes et les femmes. Sénèque continue :

« On avait annoncé que le jour où elles seraient les égales des hommes elles voudraient les dominer, c'est ce qui ne manqua pas d'arriver. Quand elles se sentirent maîtresses d'elles-mêmes et quelquefois des autres, elles devinrent violentes, hautaines, insupportables. Elles exerçaient l'autorité domestique avec une impitoyable dureté, rudoyant leur mari, battant leurs esclaves. »

« Quelques-unes voulant pousser l'égalité jusqu'au bout, se plaisaient à envahir les métiers que les hommes s'étaient jusque-là réservés. On voyait des

femmes avocats, jurisconsultes, certaines rêvaient de vêtir la pourpre et, ce qui est plus grave, des femmes athlètes et gladiateurs : elles fuyaient leur sexe, conclut le satirique. »

Par les désordres qui remplissent certains de nos ministères, lupanars pour députés et hauts fonctionnaires, on peut juger de quelles sarabandes et de quelles intrigues étaient remplies l'administration romaine.

Juvénal confirme Sénèque.

Il semble se départir du ton de la satire et prendre celui de l'ironie amusée tant les excès ès-lettres et sportifs de certaines dames romaines lui semblent risibles.

« *Plus intolérable encore, cette autre n'est pas plus tôt à table qu'elle exalte Virgile et justifie le désespoir de Didon. Faisant le parallèle des poètes, elle met dans la balance d'un côté l'Enéide et de l'autre l'Iliade. Le grammairien rend les armes, le rhéteur s'avoue vaincu, chacun se tait, c'est en vain que l'avocat, le crieur public voudraient s'entendre, tant est grand ce cliquetis de paroles : On dirait un cliquetis de cymbales. Qu'on ne fatigue plus l'airain sonore : elle suffira désormais pour secourir la lune éclipsée* » (22).

« *Endromidas Tyrias… !*

« *Elles ont la manie de porter le manteau syrien et de se frotter d'huile ainsi que des athlètes. Qui ne les a pas vues le bouclier au poing saper un pieu avec toute la précision de l'art gladiatoire ? Matrones vraiment dignes de figurer aux jeux floraux et qui méditent de livrer sur la véritable scène des combats plus réels ! Quelle peut être sous un casque la pudeur d'une femme qui déroge à son sexe pour usurper le nôtre !*

« *Ne croyez pas cependant qu'elle veut devenir homme, elle entend bien trop ses plaisirs ! Quel honneur pour toi si l'on faisait la vente des effets de ton épouse, qu'on vint à crier sur le Forum, son baudrier, ses gantelets et le reste de son armure.*

« *Vois avec quels élans elles assènent les coups qu'on leur apprend à diriger ; vois le casque pesant qui courbe leur tête, considère leurs attitudes vigoureuses sous l'épaisse cuirasse qui les couvre et ris lorsque certains besoins les force de détacher leurs armes.* »

(Juvénal)

---

22 — Elle dut se réincarner dans quelques-unes de nos femmes de lettres contemporaines !

En présence de tels débris et de tels excès comment Auguste pouvait-il rêver de législation ?

> « *Une affreuse dépravation, un cynisme éhonté avaient détruit les mœurs privées, il n'y avait plus de père, plus de fils, plus d'épouses ; mais, des créatures humaines oubliant les plus naturels de tous les devoirs et courant au plaisir à travers la débauche et le crime. Le mariage devenu une gêne, était abandonné et, pour échapper à ses obligations, on le prostituait par des divorces annuels.* »
>
> (Duruy, Histoire des Romains).

... Les mœurs sont le fondement de la vie publique. Si elles s'abaissent dans la famille, tout fléchit dans l'Etat. Mais, pendant que Rome s'effondrait, la vie familiale dans les ghettos, demeurait intangible, sans fissure. L'ordre millénaire des Prophètes d'Israël était respecté. Si, par hasard, une Juive comme Poppée franchissait le Palatin, c'était à la façon dont Judith franchit le seuil d'Holopherne : c'était pour décapiter l'Empire et le jeter dans la boue. Espionne du Temple elle trônait sur toute l'orgie romaine. Jalouses de sa puissance et de son luxe, les Patriciennes avilies, la regardaient comme la Fille des Dieux, quand elle passait suivie des 300 ânesses qui fournissaient le lait de son bain (23).

L'une des conséquences de ce luxe et de cette débauche fut la naissance du prolétariat ; la création de cette plèbe avide, demeurée célèbre par ses exigences de chômeuse : *Panem et circences* !

À regarder ses dirigeants se vautrer, le peuple se vautra. (voir *France*, 1918-1940)

Le principal agent de la décadence, nous l'avons dit, avait été, principalement, l'introduction des prisonniers juifs à dose massive dans Rome ou l'esclavage se développa en proportion des conquêtes.

Chaque ville, chaque palais, devinrent un vaste atelier ou des milliers d'individus cultivant la terre, exerçant les métiers les plus divers, fournissaient aux besoins et aux goûts du maître.

Les travailleurs romains et les classes moyennes furent ainsi réduits à la misère.

Les propriétés s'agrandirent. Le laboureur indépendant disparut de la campagne. La terre, autrefois divisée, fut réunie en quelques mains,

---

23 — Jamais la frénésie de luxe d'une Juive américaine n'atteignit pareille extravagance et ce n'est pas peu dire.

les plaines cultivées firent place à ces immenses pâturages qui entourent Rome. Le peuple des champs, repoussé dans la capitale, vint grossir la Plèbe. Il trouva peu de travail car le labeur servile des esclaves et l'oppression des Synagogues, écrasaient toute concurrence.

> « *L'oisiveté perdit le peuple romain parce qu'il ne possédait rien en propre, dans un territoire entièrement envahi par les riches et par les étrangers et qu'il ne trouvait aucun emploi sur la terre d'autrui au milieu d'un si grand nombre d'esclaves.* »

Sur 1.630.000 habitants 1 million était asservis.

César trouva inscrits sur les rôles publics 450.000 citoyens dont 320.000 chômeurs nourris par l'Etat. Ainsi, les trois quarts du peuple tendaient la main et fréquentaient le cirque. Le dictateur expédia 70.000 de ces lazzaroni dans les colonies et réduisit à 150.000 le nombre de ceux qui grevaient le trésor.

Les « *citoyens* » recevaient chaque jour la sportule : quelques mesures de blé et de vin. Parfois la sportule était payée en espèces. Pour accroître cette pitance peu recherchaient le travail. Ils dormaient, flânaient ou grossissaient les rangs des parasites chez les riches romains. Vint le temps où la noblesse rompit avec le peuple, ne voulut voir en lui qu'un objet de mépris, un marchepied vers le pouvoir. Ces nobles se firent un cortège de la racaille de ceux que Juvénal appelle les clients (24) — non pour les protéger, mais pour en tirer gloriole. Ils ne sortaient que suivis de cette procession d'individus qui donnait la mesure de leur importance. Cette mode devint impérieuse, absolue. Tout politique, tout homme d'affaire, tout Consul ou Patrice, fut contraint, pour maintenir son crédit, d'avoir un cortège important. Tout Rome savait ainsi qu'il était aux bains ou qu'il rendait visite à Lucullus !

Les sourires forcés de cette valetaille, ses contorsions, son avilissement devant les nobles, arrachaient à Juvénal cet anathème :

> « *Le Maître a raison de te faire tant d'injures, qui les supporte les mérite* »

(Juvénal, *Satire*, v).

---

24 — Un récent séjour en Corse nous a convaincu que de Sartène à Corte, Bastia et Ajaccio la mode s'est Conservée — *du client* — MM. nos ministres illustrissimes et simoniaques ont — *leur clientèle* — bien entretenue et fidèle.

Ce prolétaire dégradé ne connut plus qu'une hantise : l'or, l'argent ! Tout sentiment de dignité avait disparu de son âme. Toute noble aspiration était morte. L'or, l'argent finirent par tuer le Romain de la Louve.

Point de métier assez vil qu'il ne fît et qu'il n'inventa pour en gagner, pendant que les transactions, la banque, le commerce étaient entièrement passés aux griffes des Grecs et des Juifs. C'est alors qu'on inventa cette chasse aux héritages dont nous avons parlé précédemment.

Il est difficile de concevoir plus d'avilissement dans la décadence : la fortune aux mains de riches corrompus, profiteurs de guerre pour la plupart ; attachée à leurs flancs une population aussi servile que cupide ; chez tous un égal abaissement :

« *On ne s'occupe pas d'où viennent les richesses, l'essentiel c'est d'être riche ! L'argent, l'infâme argent, premier mobile de nos dérèglements, introduisit parmi nous des mœurs étrangères, et les richesses corruptives pervertirent par un luxe honteux les antiques vertus de Rome.* »

(Juvénal, *Satire*, VI).

... On ne peut comparer l'effondrement de Rome en une telle boue, qu'à l'effondrement actuel de la France.

D'autres âges, ont pâti des mêmes erreurs, aucun ne se vautra pareillement devant l'argent. Et les Synagogues qui avaient infusé ce mal mortel dans l'âme romaine, devaient rire, mais du terrible rire de Shylock... Athènes, dans sa déchéance, offrait encore de grandes leçons. Aristophane osait attaquer le démagogue Cléon, Eschyle, Ménandre. Démosthène, Sophocle parlaient un noble langage, relevaient les cœurs et rendaient aux hommes des certitudes, des élévations !

Dans Rome dominée par les Juifs du Palatin et minée par ceux des Synagogues, il n'y avait plus qu'un Forum muet, des amphithéâtres inondés de sang, sur la scène, des jeux impurs et, dans la Ville Éternelle, un peuple avide et corrompu. Enduits de résine, cloués sur les croix les Chrétiens n'allaient pas tarder à illuminer cette effroyable apothéose où faillit s'anéantir la civilisation romaine.

Le Temple, sur le Mohria, fut resté « *seul* » et victorieux sur les décombres des Temples d'Isis, de Jupiter et de Pallas Athéné. La Méditerranée eut été juive.

Chapitre IV

LES JUIFS DE « *LA DISPERSION* » DANS L'EMPIRE CONTRE ROME IMPÉRIALE

Non seulement les Sept Synagogues de Rome dominaient les Sept Collines ; non seulement l'or du Temple avait conquis et vénalisé le Palatin ; non seulement la banque juive avait humilié et subjugué les Patriciens, mais l'Empire entier servait son tribut au « Saint des Saints » Les Juifs de la Dispersion « *tenaient* » toutes les villes capitales conquises par les légions.

... Au temps de la captivité de Babylone la tribu de Jessé se fractionna. Brutalement transplantés en Mésopotamie, les Israélites, vaincus par Nabuchodonosor, connurent tout d'abord la rigueur implacable des esclavages antiques. Nerfs de buffles, croix, bûchers furent les instruments impuissants de « *l'assimilation* » babylonienne. Les rois d'Egypte et d'Assyrie étaient sans pardon pour les vaincus, au même titre que ceux de Juda. Employés comme bêtes de somme, traités comme bétail de noria, les captifs accomplirent ces travaux gigantesques qui font l'ignorante et froide admiration des Anglaises en transhumance touristique.

Le Nil et l'Euphrate savent seuls ce qu'ont coûté de sang, de larmes, de désespoir aux Juifs les monuments impassibles que reflètent leurs eaux vertes.

Aussi souples dans le malheur qu'arrogants et cruels dans la fortune et au pouvoir, les Israélites surent rapidement fléchir tant de rigueur, s'insinuer dans la confiance de leurs maîtres, transformer l'esclavage en domestication avantageuse. La masse prisonnière, habilement guidée par ses chefs et ses prophètes, se prépara des jours meilleurs, par le travail et l'accroissement de la race. Elle suivit les conseils de Jérémie :

> « Mariez-vous, ayez des enfants, donnez des femmes à vos fils et des maris à vos filles. Multipliez-vous, aux villes que vous habitez et ne laissez pas diminuer votre nombre. Bâtissez-vous des maisons et habitez-les ; plantez des jardins et mangez leurs fruits » (25).

Par leur union, par leur esprit de solidarité, par leur travail, les Juifs furent bientôt hors de misère. Ils devinrent opulents comme ils le devinrent à Rome, comme ils le deviennent partout. À Echatane, Raguel possédait des biens incalculable. Parmi les Juifs établis à Thages, aux frontières de Médie ne se trouvait qu'un seul pauvre et pour la curiosité du fait, l'histoire mentionne son nom : il s'appelait Gabaël. Au reste ce phénomène, que Tobie entretenait comme l'on entretient sans doute un animal rare, comme d'autres entretiennent des lévriers de luxe ou des chevaux de course, pour servir leur cocasse orgueil, ce Pauvre unique finit par mourir... millionnaire !

Les Juifs s'imposèrent à la Cour de Babylone, comme à celles de César, d'Auguste et Néron. Daniel reçoit de Nabuchodonosor le haut titre sacerdotal de Roi des Mages. Mardochée devient ministre de Xerxès ; Esther, la très belle et très douce nièce de Mardochée était née à Babylone ; le roi des Perses Assuérus, ayant répudiée la reine Vasthi, la choisit pour épouse (26) et intercède pour tous les Juifs. Tobie et son neveu Anchialus sont nommés officiers du Palais et Néhémie, échanson (Tobias : texte grec dans *la Bible des Septante*).

Mais c'est à leur sens des « *affaires* » et du négoce que les Juifs durent une si rapide prospérité. D'instinct ils ont le génie du commerce

---

25 — Jérémie, XXIX, 5, 6, 7 : Le Grand Prêtre, Seraya' le sar du Temple, Zephania, l'Eunuque chef de la guerre, le scribe de la milice firent partie de la Captivité. À Babel furent aussi emportés les métaux précieux dont l'Hérion était rempli. « *Dans la Ville Sainte, les rudes Assyriens avaient tout souillé : ils avaient violé des femmes, les vierges et jusqu'aux adolescents.* » (Jérémie, 11 et 13).

26 — Couronnement d'Esther, célèbre tapisserie de Florence.

d'argent. Contenus par les prescriptions de « *La Loi* », ils se déchaînèrent sur la cité de Semiramis. Ils la conquirent au sens textuel du terme et les neuves générations en oublièrent Jérusalem. Quand Cyrus, vainqueur de Babylone, leur accorda la liberté, le plus gros de la Nation demeura sur la Terre Profane (27).

Alors les exilés volontaires se multiplient au début dans la Chaldée ; ensuite ils s'infiltrent dans le monde civilisé, ils forment un corps aussi vaste et mobile que puissant : LES JUIFS DE LA DISPERSION. Ils occupent la Perse, la Haute-Egypte, la Mésopotamie, la Grèce, la Vallée du Nil, Alexandrie ; quand Rome sort de ses murs elle trouve des Juifs dans toutes les villes de la Méditerranée et des Synagogues où l'on célèbre un Dieu nouveau, des Banques où l'on change les sesterces en talents et trafique du butin de tous les pillages.

Cependant, plus les Juifs de la Dispersion s'enrichissaient, plus leur destin devenait précaire.

Il leur était interdit par la Loi de se mêler aux autres peuples. Ils constituaient donc, de toutes parts, une Nation distincte désignée à l'attention, puis à la méfiance, ensuite à l'envie, à la haine des foules et à la persécution du pouvoir. Processus fatal.

Seuls les rois Assyriens surent utiliser l'industrieux et subtil génie des Hébreux. Ils firent servir cette ruse, cette légèreté de scrupule, que l'on reproche à Israël, à l'asservissement de leurs peuples. Étendant leur pouvoir sur des populations disparates et turbulentes, Ninive et Babylone redoutaient toujours des soulèvements. Pour éviter ces révoltes ou ces troubles les princes employaient un moyen radical : ils interchangeaient les populations.

Mais ces coups de filets, si habiles ou si vigoureux soient-ils, laissent toujours échapper gros ou menu fretin. Ce qui restait s'attachait farouchement au sol et cherchait par tous les moyens, à recouvrer ce que la violence lui avait enlevé. Les nouveaux venus, en but à tous les crimes, à tous les guet-apens, avaient intérêt à ce qu'une solide police soit organisée : c'est à ce rôle de défenseurs et d'espions que les rois

---

27 — Les Juifs qui profitèrent de l'édit de Cyrus pour rentrer à Jérusalem, appartenaient presque tous aux tribus de Juda et de Benjamin : leur nombre n'atteignait pas 50.000. Cyrus avait trouvé parmi les Juifs des transfuges qui lui avaient vendu ou révélé les points faibles de Babylone.

assyriens dévouèrent les Juifs. Ils les établirent ensuite sur les frontières de leurs dominations où ils fondèrent des colonies, bastions lointains de l'Empire d'Assyrie (28) : lignes de postes vaillamment défendus contre les bandes arabes et tous les ennemis de l'extérieur par cette « *légion étrangère.* »

Vient Alexandre le Grand. Il décide d'imiter les rois assyriens. Les Juifs accourent à son appel. Marchandent et négocient leurs concours. Ils remplissent Alexandrie où le conquérant leur confère les mêmes droits qu'à ses Macédoniens. Deux quartiers sur cinq leur appartiennent et dans tout l'Empire des Pharaons, « *depuis la Delta jusqu'au fond de la Thébaïde, on aperçut bientôt leurs Synagogues ceintes de palmiers.* »

Quelque temps avant la destruction de Jérusalem, le nombre des Juifs qui vivaient dans la vallée du Nil dépassait un million.

Transportées en Asie-Mineure par Antiochus, deux mille familles juives transformèrent la Lycie et la Phrygie en ghetto. À Antioche ils constituèrent la partie dominante de la ville (Stabon) « *où ils étaient, écrit Josèphe, le principal corps de la Nation.* »

Durant plus de trois siècles la pieuvre israélite, dont la tête était à Jérusalem, étendit ses tentacules sur la Méditerranée. De proche en proche, de ville en ville, elle gagna les coins les plus reculés de l'Empire romain. Dans une lettre à Caligula, Hérode Agrippa énumère les contrées où sont fixées les colonies juives : les royaumes des Parthes, des Mèdes, des Elamites, la Mésopotamie, la Cappadoce, la Phénicie, l'Egypte, Cyrène, la côte d'Afrique, la Berberie, la Thessalie, la Peloponèse, les îles d'Eubée, de Chypre, de Crète, sont soumis au contrôle spirituel et sportulaire du « *Saint des Saints.* » La firme Jéhovah est en pleine prospérité. L'on conçoit que César s'en fasse une alliée et qu'il la ménage pour recourir à ses coffres.

Qu'une ville, qu'une province même égorgeât ses Juifs dominateurs et pullulants, d'autres les remplaçaient plus nombreux, plus acharnés.

---

28 — Les propositions faites aux Juifs par le Roi Sennachérib, prouvent que la déportation acceptée par les vaincus était décidée d'un commun accord. Elle était l'objet de soins aussi humains que politiques. « *Faites alliance avec moi et passez de mon côté : chacun de vous mangera des fruits de sa vigne, et de son figuier et boira l'eau de son puits, jusqu'à ce que je vous envoie dans une terre semblable à la vôtre, une terre de blé et de vin, une terre abondante en pain et en vignes.* »

Derrière le prophète apparaissait partout le marchand, le bijoutier, le brocanteur, le banquier. Tous répétaient avec leur Sibylle.

> *« Toute terre, toute mer est pleine de toi.*
> *Si tous te sont hostiles, c'est que tu excelles entre tous »*
>
> (*Oracula sibyllina*, p. 271-272 ; expression même de l'insupportable orgueil juif.)

Au reste, ils étaient fort peu persécutés.

Nous avons indiqué les privilèges que César leur avait accordés. Nous les avons montrés tout-puissants au Palatin, conseillers même de Néron, banquiers de ses plaisirs, de ses folies, de ses crimes. Partout ils avaient obtenu « *Droit de Cité* », droit de se gouverner par leurs propres lois. Indépendants des magistrats impériaux, ils avaient leurs tribunaux, leurs présidents de justice : leurs alabarques, leurs archontes, leurs genarques, leurs ethnarques. Pilate, qui redoutait leurs criailleries, et leur fanatisme à Jérusalem, autant que leur influence à Rome, ne put leur arracher le Christ. Son successeur n'essaya même pas de leur disputer saint Etienne. Le Sanhédrin crucifiait ou lapidait impitoyablement, qui portait ombrage à la luxueuse puissance du Tabernacle.

Quand quelque ville déniait à Israël les privilèges accordés par la voisine, Israël se couvrait la tête de cendres, prenait des airs persécutés, lamentait ses infortunes. Tous intriguaient, achetaient des protecteurs, corrompaient procurateurs et consuls, tant qu'ils n'avaient pas obtenu satisfaction, ou tout au moins le libre exercice de leur culte... Cette concession était un piège tendu par les vieux renards de Synagogue aux tenants du « *Paganisme* » : elle affranchissait les Juifs du service militaire, des impôts incompatibles avec les prescriptions de la loi : elle défendait de les citer en justice aux jours de Sabbat.

Au temps de Néron, Israël avait créé son Empire dans l'Empire. Dans les villes même qui avait conservé quelque autonomie, les édiles se conformèrent à l'exemple de Rome ; partout l'intervention du Grand-Prêtre suffisait à détruire toute entreprise contre les libertés juives.

Pilate s'était abstenu.

Enhèse et Delos, en Grèce, voulurent soumettre les Juifs au droit commun. Le consul Dolabella intervint, cassa les édits :

« *afin que la défense de manger des mets impurs (préparés à la graisse de porc), de marcher ou de se battre les jours de Sabbat put être observée.* »

(Josèphe, *Antiquitates*, XIV).

Partout les gouverneurs de Rome s'inclinaient devant le chef de la Synagogue. Que l'un d'eux s'avisât de toucher aux biens ou aux droits d'un Collège juif, les Israélites de tous les pays, ceux de la Capitale plus encore, se remuaient, s'agitaient, pétitionnaient en masse. Ce n'étaient que manifestations, lettres suppliantes, députations, apologies des condamnés ou des « *spoliés.* » L'agitation devenait générale, se communiquait à tout l'Empire, se prolongeait avec une opiniâtreté qui renversait tous les obstacles et les procurateurs entêtés (voir *France, 1940*, et *Affaire Dreyfus*).

Si redoutables que les Juifs parussent aux magistrats des Provinces, ils l'étaient plus encore aux négociants des cités(29). Les ruines et les malheurs qu'ils accumulèrent furent innombrables. En tout genre de trafic l'étroite union de la race et leurs ramifications dans le monde entier, rendaient impossible toute concurrence. Dès qu'ils paraissaient

---

29 — Salluste écrit : « *le commerce des blés, de l'Afrique au Latium est assuré par les Juifs d'Ostie et de Syracuse. Autrefois quelques barques osaient à peine se hasarder vers les rives dangereuses de la Barbérie. Aujourd'hui, trirèmes, galères et galiotes assurent un trafic quotidien de gens et de marchandises entre Rome et l'Ifrykya.* »
Caïus Sallusta pratiqua la concussion directe avec les Juifs des blés. L'auteur de la *Vie de Jugurtha*, favorisa largement leur négoce, car la Plèbe réclamait du pain, plus encore que les légions. Salluste, esprit net et méthodique comprit d'immense fortune qu'il pouvait retirer du Grenier de Rome. À la fin de son proconsulat il put créer « *L'histoire philosophique à la manière de Thucidite* », et bâtir une villa d'une richesse inouïe, voisine de celle de Lucullus.
De nos jours la situation en Afrique du Nord est identique. Les Juifs ont accaparé le commerce des grains et nos Gouverneurs sont leurs très humbles serviteurs. Nos fils de gouverneurs leur doivent des sous-proconsulats.
En lisant Juvénal et Tacite l'on découvre que le service de ravitaillement des armées était entre les mains de collèges juifs et grecs. Donc, automatiquement l'élément latin avait été évincé des branches commerciales les plus importantes. Il semble même que les stocks de blés et farines constitués par les Empereurs soient passé du temps de Néron, aux mains d'Israël. La Synagogue, avant le XVIIIe siècle avait réalisé Le Pacte de Famine. Elle avait tué les « *classes moyennes* » par le trust, avant le XXe.

sur quelque place, comme au Transtevère, ils attiraient d'abord le petit commerce, puis, insensiblement, ils drainaient les affaires considérables. Bourses et banques tombaient entre leurs ongles.

Ils contrôlèrent même, la perception de l'impôt. En principe, la recette des deniers publics était réservée aux Romains. Mais, souvent, le consul avait besoin d'avances. Il empruntait à la banque juive. Celle-ci prenait en gage les caisses fiscales et affermait les contribuables. Dans la région de l'Euphrate ils gouvernaient en fait.

L'on comprend aisément la haine que légionnaires, centurions, chefs des cohortes, commandants de légions et généraux romains vouaient à cette race parasitaire souveraine, « *élue de Jéhovath.* » Les Prétoriens et soldats ne se battaient plus pour Rome mais pour les comptoirs et les Synagogues d'Israël ! Quand Vespasien tira l'épée, il fut immédiatement suivi par toute l'armée.

Si les Juifs avaient eu quelque considération pour les aigles romaines et leurs admirables défenseurs ; s'ils avaient compris que la garde aux frontières servait leur domination ; s'ils avaient imaginé que donner son sang était plus noble que de donner quelques talents et vénaliser tous les pouvoirs, ils auraient peut-être évité le terrible sort que leur réservaient Titus et son père.

Loin de marquer quelque respect aux vétérans, aux centurions mutilés qui vivaient de misère en Égypte, en Grèce, comme en Italie, ils n'avaient que dédain pour cette gloire mendiante (voir *France,* 1940).

Vint une heure où l'importance envahissante qu'ils acquirent dans les finances, dans le négoce, dans les sphères gouvernementales de l'Empire, stratosphéra le mépris qu'ils professaient pour les « *goyms.* » Ils oublièrent les conseils de Moïse, ils bafouèrent l'enseignement des prophètes.

« *Ne détachez point votre fortune de celle des villes que vous habitez. Aimez-les et priez pour elles !* (30) »

N'ayant plus en vue que leurs intérêts particuliers, implacables, ils tinrent tout ménagement pour superflu dès qu'une difficulté s'élevait

---

30 — Les Juifs n'ont point la spécialité de persécuter leurs grands hommes, leurs héros, leurs héroïnes : Témoin Jeanne d'Arc, quant à la Bourgeoisie française elle a mené la débauche sur 1.500.000 cadavres et bafoué les survivants.

entre eux et « *les Gentils.* » Ils commandèrent aux interventions de Rome. Les Juifs de la Dispersion avaient conquis l'Empire pendant que les Juifs de la Transtevère prenaient d'assaut la Palatine où trônait la courtisane juive.

Diodore de Sicile prétend que si les Juifs de la Dispersion s'attirèrent l'aversion des villes impériales, nombreux furent ceux qui « *s'adaptèrent* » « *tandis que les Hébreux de Jérusalem, tandis que les Zélotes accentuaient leur rigorisme, ceux du dehors, éloignés du Temple, s'affranchissaient des rites devenus impraticables.* »

Nous voyons se dessiner déjà la tactique « *du bon Juif et du mauvais Juif.* » Tout ceci n'est qu'illusion et apparence. Diodore de Sicile ignore sans doute que pour Israël la Loi pharisienne n'est pas applicable aux Gentils ?

Qu'en Palestine, terre fermée, sans marchés ni ports, séparée des autres régions par les Monts et les Déserts, les Juifs évitassent comme une souillure tout contact avec les étrangers ; que le trafic y fut regardé comme incompatible avec l'esprit de la loi, ces rigueurs s'imposaient : Israël aurait dévoré Israël. Il aurait fini par vendre le Grand-Prêtre avec ou sans Chandelier à Sept Branches ! Il aurait bazardé l'Antonia et affermé la piscine de la Cour des Femmes.

Mais, en dehors de la Terre Promise, les Juifs sont sur le « *sentier de la guerre* » ; leur façon de combattre le Gentil de la Bible, le Goym du XXe siècle, le chrétien, ses éternels ennemis, c'est de les ruiner : par ce moyen les « *prolétariser* », donc, de les dominer. Le trafic, l'usure, non autorisés à Jérusalem, étaient prescrits par les Prêtres du Temple, à Rome, Athènes et Alexandrie.

De quoi eut été faite la fortune du Tabernacle ? Comment Pontifes, Diacres, Pharisiens de toutes grandeurs et de tous poils, eussent-ils vécu, si les Juifs de la Dispersion n'avaient point traité les peuples de la Terre comme peuples conquis ! Ce qui était péché à Sion devenait donc un exploit à Rome et Alexandrie. Les prescriptions de la Loi sont privilèges du Peuple Élu et ne concernent que lui. Les convertis même restent en dehors et nous avons vu, quoiqu'Israël occupât les premiers postes de l'Empire, les Rabbis refuser aux Prosélytes les titres de Chefs de Synagogue. Nous nous trouvons donc devant un plan millénaire concerté et minutieusement poursuivi, plan dont Diodore de Sicile n'a pas compris le fonctionnement.

Et ces « *Juifs affairistes* » de prendre orgueil de ce que la loi défend ! D'imaginer atteindre aux Demi-Dieux parce qu'ils contrôlent la riche brocante du Champ de Mars, les blés de Cirta, les vins de Césarée, de Numidie ou les pruneaux du Mont-Parnasse ! Vanité malfaisante, grossière et cocasse que confère l'opulence, vanité qui, de tous les siècles, causa les pogromes et dans toutes les sociétés les réactions sanglantes de l'esprit et des masses.

— Il n'y a pas de pire métier que l'agriculture, déclare R. Eleazar, devant un champ de blé mûr pour la faux. Eléazar vit du Temple ! Où prononce-t-il cette parole par pitié du Fellah ?

Mais, R. Rahh ajoute :

— Toutes les récoltes du monde ne valent pas le commerce.

Dégagés des pratiques incommodes de Jérusalem les Juifs de la Dispersion n'en restèrent pas moins soumis à la loi. Dans les boutiques des fripiers, comme chez les riches trafiquants ou chez les usuriers célèbres, le même Credo montait vers le Temple, les mains se tendaient, suantes d'or !

L'abondance des offrandes que les synagogues recueillaient démontre que Jérusalem dominait cette organisation admirable mais dangereuse. L'on ne se contentait pas d'envoyer ce tribut à la Ville Sainte. Chaque année la députation qui s'acheminait vers la Mecque-sioniste était suivie par des milliers de pèlerins : tout fils d'Israël étant tenu, au moins une fois, sa vie durant, d'aller sacrifier au seul autel où les victimes fussent agréées.

Il est indéniable que la société des Juifs ait captivé de nombreux romains.

Leurs assemblées, particulièrement, offraient un vif intérêt à ces latins avides de nouveau, avides surtout de connaître les événements dont était le théâtre tragique les frontières lointaines de l'Empire. — *Quid novi Judéa* ?

> « *Nulle part les courriers n'arrivaient plus promptement ; nulle part l'on n'agitait plus de passions et d'idées. Il était rare qu'on n'y rencontrât point quelque étranger de passage, courtiers ou colporteurs, allant de ville en ville, missionnaires ou lévites que la passion religieuse poussaient à parcourir la terre et les mers.* »

Les nouveaux venus prenaient la parole devant un auditoire en extase ; apportaient le salut de la Sainte-Cité et des familles amies ou alliées ; et contaient ce qu'ils avaient vu ou entendu au cours de leurs voyages. Ensuite, le chef de la Synagogue paraissait en chaire, publiait quelque nouveau message du Sanhédrin ou des Synagogues voisines.

Par ces réunions fréquentes chaque ghetto entretenait des relations suivies avec le monde entier ; le judaïsme s'étendait comme un réseau subtil et continu, la moindre de ses vibrations se transmettait à tout l'ensemble : des Indes aux Côtes de l'Atlantique, de la Numidie à la Grande-Bretagne.

« *La Haute Société Romaine* », « *Le Tout-Rome* » mondain des sports, des lettres ou des affaires, la « *fashion* », et surtout les « *merveilleuses* » du Champ de Mars, arrêtaient leur char à la porte des Synagogues des Sept Collines et devant les riches boutiques de « *cette rue de la Paix.* »

Mais les femmes, surtout, étaient attirées par les « *mystères* » de la Juiverie. Nous en avons indiqué les raisons par ailleurs. La calme, la simplicité fraternelle, les chants du temple les charmaient. Sans peine, elles obtenaient des filles d'Israël d'apprendre la loi de Jehovah : elles y découvraient leur condition plus libre, plus honorée : elles vinrent en foule au judaïsme avant de venir aux apôtres.

À Damas, elles étaient toutes prosélytes.

Quand saint Paul débarqua à Thessalonique, il ne prêcha que des femmes venues au Mosaïsme.

À Rome, le nombre des Patriciennes converties était si considérable qu'Ovide conseille aux Romains avides d'apercevoir les « *beautés* » en renom, de guetter leur sortie aux portes des Synagogues (Josèphe,

Antiquitates et revoir *les Maquereaux légitimes de Puységur*).

Israël encourageait au snobisme des « *païennes* » ; car les conversations de femmes ont peu de retentissement et ne suscitent ni embarras ni inquiétudes.

En ce qui concerne les hommes, l'intérêt entrait en jeu autant que la foi. Les uns venaient au judaïsme, attirés par les privilèges que nous avons révélés : exemption de service militaire et d'impôts ; d'autres, dont le « blason » était désargenté ou la pourpre flétrie pensaient contracter quelque riche mariage ! (Ovide, *Ars amat.*, I, 76)

Il y eut : Les Prosélytes de la Table royale, qui se faisaient Juifs pour obtenir les faveurs des princes d'Israël.

Les Prosélytes des Lions, que des revers de fortune ou quelque fléau amenaient à Jehovah, tels ces colons syriens qui s'étaient convertis pour échapper aux lions de Samarie.

Les Prosélytes de la Peur… tel le tribun Métilus qui se fit Juif, après la prise d'assaut de l'Antonia.

Ces épithètes railleuses montrent avec quelle méfiance les rabbis accueillaient les « *païens.* » Ceux de Palestine appelaient les Prosélytes :

> « *La Lèpre d'Israël, ils les accusaient de retarder la venue du Messie et déclaraient qu'il fallait les éloigner de la porte du Temple, jusqu'à la quarantième génération.* »

Toutefois, même dans Jérusalem, ces préventions n'aveuglaient pas tous les esprits. Hillel et Gamahel allaient, répétant aux irréductibles Zélotes :

> « *Si un païen se présente pour entrer dans l'alliance, tendez-lui la main et amenez-le sous les ailes de la Divinité.* »

Sur les immensités de la Dispersion la plupart des rabbis facilitaient les conversions. Ils déclaraient la circoncision non indispensable. Plusieurs même réprouvaient l'opération qu'ils considéraient comme dangereuse. L'essentiel était de reconnaître Jehovah pour l'unique, pour le vrai Dieu, de l'adorer, de méditer sa Loi… et de pratiquer aux offrandes du Temple. C'est ce que l'on appelait demeurer Le Prosélyte de la Porte.

Ceux qui se faisaient circoncire, ceux qui pratiquaient des ablutions fréquentes, se montraient généreux dans les sacrifices et se signalaient par leur zèle, devenant les Prosélytes de la Justice. Ils ne se distinguaient en rien des Israélites purs.

Alexandrie fut, par excellence, l'Université juive de la Dispersion. C'est là qu'on suit le plus facilement les progrès accomplis par la souple méthode des Sages de Sion.

Ils avaient reconnu que, pour convaincre, il ne suffit pas de parler la même langue que les néophytes : mais qu'il faut mettre leurs dieux et leurs grands hommes du complot.

Depuis trois siècles les livres sacrés, traduits en grec étaient ouverts et accessibles à tous : néanmoins les textes saints de la Thora (en hébreu, Thorah, *La Loi*. Nom donné par des Juifs à la *Loi Mosaïque* et au *Pentateuque* qui la contient), connus de quelques rabbis, restaient lettre close pour les foules grouillant aux Temples d'Isis, de Pallas-Athéné ou de Jupiter Olympien.

Les docteurs d'Israël imaginèrent habilement d'atteindre les masses. Ils couvrirent la révélation yahviste de l'autorité des génies et des penseurs grecs. Ils expliquent leurs dogmes par la poésie, l'art et la philosophie polythéiste. Ainsi Socrate, Pythagore, Homère et Platon prêchèrent en des ouvrages supposés la foi au Dieu suprême : le Messie de gloire et de félicité. Ce fut le Juif Aristoboulos ou Aristobule qui montra le plus de cynisme et d'habileté dans ces adaptations curieuses.

Courtisan des Ptolémées, il glissa dans ses poèmes quelques vers à la louange du Mosaïsme. Il s'efforça de démontrer que l'Ancien Testament était la source divine où les poètes et les sages du Paganisme avaient cherché leur inspiration. Un fragment de ses chants permet de juger du talent de ce curieux faussaire, favori de Jéhovah : il fait dire à Platon.

— *Dieu, en lui-même, je ne le connais pas, car une nuée l'enveloppe.*
— *Mais ses dix commandements l'annoncent aux hommes.*
— *Nul mortel ne l'a jamais contemplé.*
— *Un seul a eu ce privilège : celui qui est né des eaux, qui reçut du ciel la science sur la double table.*

N'est-ce pas faire renier Zeus par Platon ? N'est-ce pas faire admettre au philosophe qu'il croit aux Dix Commandements et que la vérité révélée est uniquement incluse dans la loi de Moïse.

Et Aristobule de prétendre que Platon avait suivi la loi mosaïque ; qu'Aristote venait des Prophètes, que Pythagore avait emprunté son système aux Juifs. Il alla jusqu'à prétendre que Linos, Hesiode, Homère et tous les poètes grecs avaient tiré de la Bible la connaissance du Sabbat.

Sous les noms empruntés d'Aristéos, de Démétrios, d'Eupolémos, d'Artapanos ou de Kléodérnos, de nombreux écrivains juifs, essayent de faire connaître aux Grecs l'histoire d'Israël, qu'ils pimentent de fables et de miracles.

Ezéhielos met à la scène la vie de Moïse et le récit de la Fuite d'Egypte ; Jehovah, lui-même, joue un rôle et, comme il a fréquenté l'école d'Alexandrie, il s'exprime en vers grecs.

Pour les Judéo-Alexandrins, la règle, comme de nos jours, était de prendre un pseudonyme. Les noms les « *plus grecs* » fardaient les pires élucubrations juives et nous estimons, quant à nous, que le récipiendaire de M. André Maurrois aurait pu rappeler cette méthode — selon Aristoboulos — à M. Herzog, de l'Académie française.

En Palestine même, les Juifs pratiquaient cet anonymat. *L'Ecclésiaste*, attribué à Salomon ainsi que les livres de Daniel et de Henoch, le démontrent... Les Juifs, semble-t-il, ont d'autres notions que nous sur la bonne foi littéraire. Usurper des noms honorés : se « *cassouliser comme Cassou* », s'herboriser à la Vieille-France, comme Malherbe, se croiser comme Francis de Croisset, pratiquer une espèce de mimétisme de terroir et de race, dans un but juif, est-ce donc si répréhensible ? Le peuple élu n'est-il point, au reste, placé au-dessus de la morale, selon les Goïms ? Si ce que ces derniers ont de mauvais, d'impur, ou de ridicule, leur appartient en propre, ce que leurs philosophes ont de meilleur ne leur vient-il pas des Juifs ?

Philon s'écarte toutefois de ces mœurs engendrées du mépris dans lequel Israël tient les autres peuples. Né entre 30 et 20 (av. J.-C.) à Alexandrie, d'une riche famille juive, l'heureux Philon, put se livrer, en paix à ses nobles penchants, ne vivre que par la pensée, ne quitter Platon que pour les Prophètes.

Ses contemporains l'égalaient au grand disciple de Socrate.

— Ou, disaient-ils, Platon philonise, ou Philon platonise.

Son épouse était fière de lui. Des femmes lui demandaient un jour pourquoi elle ne portait pas de parures et se détachait de la vie mondaine où macèrent avec délice, où tournent bruyamment les « *toupies* » de toutes les époques. Elle répondit : — Je suis l'épouse de Philon, ceci suffit à ma gloire : vertu et modestie sont les plus beaux ornements de la femme.

Si le génie propre au philosophe juif parait dans ses œuvres, elles sont inspirées, néanmoins, des stoïques et des néo-pythagoriciens. Toutefois, les pensées antiques n'ont de valeur aux yeux de Philon que si elles portent le sceau de Yahvé. Pour savoir si quelque doctrine est vraie, le grand Alexandrin la compare au Pentateuque L'éloquence, la dialectique, la science, la culture en général, ne valent que comme servantes de la sagesse divine : « *semblables à Agar servant Sara, la princesse.* » Quelle leçon pour nos cuistres et nos officiels si fiers d'un à peu près de bagage diplômé ou palmé !

Philon découvre que les hautes théories de Platon, d'Héraclite, de Zénon, de Socrate, sont infailliblement encloses dans la Thora : il nous le démontre par de géniales allégories, dont celle du « *Puits de Jacob* » est la plus célèbre.

L'auteur de *La Vie de Moïse*, Sur le *Décalogue*, Sur le *Septenaire*, sur *l'Humanité* (etc.), rompt parfois avec le Judaïsme en ce que celui-ci présente de mesquin ou de trop exclusif. Il déclare que Moïse n'a pas seulement recommandé d'aimer ceux « *de même race* », mais les étrangers : les Gentils. Ainsi Philon, frère du grand Alabarque d'Alexandrie, prêchait à la Communauté juive et préparait l'avènement du Christianisme.

Quand le bruit courut de Synagogue en Synagogue que le « *Maschiah* » avait paru, qu'il parlait de Dieu en termes plus élevés que la loi même ; quand dans Alexandrie toute frissonnante des prédicateurs de la Sibylle, l'on sut que ce Christ réclamait pour Dieu un culte en esprit de vérité ; quand sur toute la Dispersion l'on comprit que Jésus réprouvait la cupidité des Pharisiens et ne gardait que la pure morale du Père, la domination du Temple et des Pontifes, fut ébranlée. En masses, les prosélytes romains, grecs, alexandrins passèrent au christianisme : grâce aux Juifs de l'exil, convertis aux principes d'Illel et d'Ioschoua, le Judaïsme se dilatait pour devenir la religion universelle.

La réaction des Prêtres, menacés dans leur industrie religieuse, les rancunes d'une aristocratie dérisoire perpétuellement préoccupée de ses orgueils et de ses intérêts, allaient se manifester avec une haine avec une cruauté dont l'humanité conserve le mépris et l'épouvante.

Aux mains des bestiaires de Néron, le Temple plaça des torches ; Juifs et Gentils de la Conversion allaient flamber sur la croix de leur Dieu, en effroyables et fraternelles gangues de poix.

Chapitre V

Les Chrétiens ne font pas les jeux des Juifs
– massacre des Chrétiens –

T<small>ANT</small> que les Chrétiens rentraient dans les vues du Grand-Prêtre, tant qu'ils ne nuisaient point à l'organisation prosélyto-financière du pharisaïsme, celui-ci les ignorait. Mais cette escapade de Dieu, sur l'Empire romain, inquiétait terriblement Jérusalem.

> « *Que les Douze persuadent aux Gentils, aux Païens et aux Juifs de la Dispersion que le sacrifice divin peut s'accomplir partout : à la face du soleil rayonnant comme un ostensoir ; au sein des forêts dont les nefs ont des ombres de cathédrale ; au fond des catacombes ; aux rives lumineuses de la mer chantée* » par Salluste…

et c'en est fait du système bancaire « *organisé sur le mont Moriah.* »

La première victime des Prêtres avait été Jésus. La seconde fut saint Etienne. Cette mort résout brutalement la question et projette sur les desseins du Sanhédrin une clarté définitive.

Jésus, en présence des abus du Temple avait prononcé les rudes paroles, enseignées, ordonnées à Pierre, sur la terrasse de Joppé. Ces paroles demeurèrent, en partie, confuses pour les Douze : ainsi « *la folie de mettre un morceau de drap neuf à un vieil habit* » ou « *du vin nouveau en de vieilles outres* », « *la ruine du Temple* », « *le culte en esprit et en vérité* » et cent autres exemples dont l'Evangile abonde.

Etienne entreprit de répandre ces vérités. Immédiatement, ce fut le scandale.

La hardiesse du Diacre, en la circonstance, fut d'autant plus étonnante que Pierre et les Apôtres se taisaient ! Les Actes nous le montrent engageant la lutte dans « *la Synagogue des affranchis de Rome* », des Cyrénéens et des Alexandrins (31), dans celle de Cilicie, que fréquentait Paul de Tarse, enfin dans la fameuse Synagogue d'Asie où s'assemblaient les Zélotes, visionnaires et farouches.

Plaçant le Christ au-dessus de Moïse, il déclara sa doctrine indépendante des rites et des prescriptions de la loi. Il publia que le Temple cesserait d'être l'unique lieu où Jehovah voulait être adoré.

C'en était trop. Le tabernacle, c'est-à-dire la caisse, était menacé. Quoi ! Le Messie d'Etienne n'était plus le Nazaréen douceâtre et ressuscité ; il s'affirmait le destructeur du Saint des Saints, de tout ce que le Seigneur avait fait pour Israël !

La parole du diacre irritait d'autant plus lévites et prêtres, qu'il ne se contentait pas, comme les apôtres, d'exposer sa doctrine, il la défendait âprement ; il attaquait, il mettait en déroute ses contradicteurs. Etienne plaçait aux mains de l'Eglise naissante l'arme que saint Paul allait brandir : la polémique.

Quelques rabbis tentèrent de disputer avec lui, quelques autres essayèrent de lui recommander la prudence. Personne ne put « *résister à la sagesse et à l'Esprit qui parlait en Etienne.* »

A bout d'arguments, les Prêtres employèrent celui de toutes les tyrannies. Ils étouffèrent cette voix importune, qui les accablait ; ils firent disparaître, l'apôtre de la vérité après l'avoir déshonoré aux yeux de la multitude.

Leur premier soin fut de soulever la foule. Des individus, subornés par le Temple, coururent Jérusalem, répétèrent de porte en porte qu'Etienne blasphémait Dieu et Moïse ! Scribes, magistrats, Zélotes, populaires, tous immédiatement s'agitent et, remplis de vertueuse indignation, se jettent à la poursuite du diacre. On le saisit, le traîne devant le Sanhédrin, qui siège dans le Gazith et qui l'attend...

---

31 — A Cyrène un quart et à Alexandre les deux cinquièmes de la population étaient juifs.

Selon la coutume et les règles, les témoins comparaissent l'un après l'autre, prêtent serment, déposent. Les accusations sont unanimes.

— *Cet homme ne cesse de parler contre ce lieu saint et la loi. Nous lui avons entendu dire que Jésus de Nazareth détruira le Temple et changera les traditions que Moïse nous a laissées.*

— *Il a réprouvé les coutumes pharisaïques qui défigurent la loi et déclaré que, pour en imposer, les scribes attribuent ces coutumes à Moïse.*

Intrépide, Etienne ne renie rien, ne se dérobe pas. Mais, à la question du Grand-Prêtre :

— *Cela est-il vrai ?*

Il ne répond point, il attaque :

« *Vous avez rejeté un Sauveur plus grand que Joseph fils de Jacob ! Quant à Moïse, « beau devant Dieu », enfant adoptif de la fille des Pharaons, instruit dans toutes les sciences de l'Egypte, puissant en parole et en action, sauveur de son peuple, que lui manquait-il pour être écouté ? Et, cependant, c'est à Moïse que vous avez renoncé ! En disant : Qui t'a établi prince et juge ? Moïse lui-même a prophétisé que sa Loi passerait… Il a dit aux enfants d'Israël :*

« *Dieu vous suscitera d'entre vos frères, un prophète comme moi, écoutez-le.* »

Vains enseignements ! Pendant que Moïse s'entretient avec l'Ange du Seigneur, et reçoit les paroles de vie pour les porter à son peuple, il est abandonné par ce peuple ! Les Juifs se tournent vers Aaron et lui disent :

« *Fais-nous des Dieux qui marchent devant nous, car, nous ne savons ce qu'est devenu ce Moïse qui nous a tirés de la terre d'Egypte !* »

Infidèles au Prophète, ils le sont à Jehovah : à l'heure même où sont institués les sacrifices lévitiques, ils s'en éloignent pour sacrifier au Veau d'Or égyptien ; pour se prostituer aux divinités impures de Chanaan, devant la tente de Moloch (32) et l'Étoile du Réphan (Saturne) ! Quant

---

32 — C'est-à-dire la tente qui renferme l'image de Moloch. Selon Diodore de Sicile les camps des Carthaginois possédaient plusieurs tabernacles de ce genre. La statue de Moloch, le Dieu du Soleil brûlant était un tambourin d'airain, creux à l'intérieur, aux bras d'homme étendus pour porter un fardeau. Le monstre était chauffé à blanc ; sur ses bras on déposait de jeunes enfants qui étaient immédiatement consumés. Moïse interdit ce culte abominable.

au Temple, objet de leur orgueil, ignoraient-ils donc que le Très-Haut n'habite point dans les sanctuaires construits de main d'homme ?

Les Sanhédrites écoutent l'accusé avec la curiosité dédaigneuse, l'indifférence lointaine des Juges sûrs de la loi. La foule excitée gronde, carnassière, Paul de Tarse (33) est là. Ses yeux luisant de haine rencontrent ceux du juste. Alors, Etienne redouble de force dans l'attaque ; jeune beau, d'une beauté surnaturelle, témoignent les traditions, le feu de son regard lui place l'auréole au front ; il fait reculer Saül, il confond les prêtres.

> « Après Salomon je ne trouve qu'apostasies, adoration d'idoles, prophètes rejetés et massacrés, crimes sur crimes jusqu'à la mort de Jésus ! Têtes dures, s'écrie-t-il, incirconcis de cœur et d'oreilles ! Vous résistez toujours à l'Esprit-Saint comme vos pères ont résisté. Quel est celui des Prophètes qu'ils n'ont pas persécuté ? Ils ont tué ceux qui prédisaient la venue du Juste ! Et, ce Juste vous l'avez trahi, vous l'avez mis à mort, ô vous qui avez reçu la Loi et qui ne l'avez pas gardée ! »

En réplique à ces fières paroles un tumulte indescriptible, des cris de rage, des hurlements de bêtes flagellées montent du Sanhédrin. Ce ne sont plus des juges que saint Etienne affronte, mais une horde de furieux, qui ne peuvent lui pardonner ni leur propre imposture, ni les crimes dont ils sont coupables !

Etienne comprend qu'il ne lui reste qu'à mourir. Il lève les yeux vers le ciel et s'écrie :

— Je vois les cieux ouverts et le Fils de l'Homme debout, à la droite de Dieu.

Ces paroles étaient celles que le Christ avait prononcées devant ses juges. Elles sont accueillies comme une provocation. Les menaces redoublent.

---

33 — Elève de Gamaliel : Dialecticien de haute érudition Saül, le futur saint Paul, voulait le triomphe de la Loi, mais de la Loi inflexible, implacable comme aux premiers jours. Honnête, loyal, il méprisa les prêtres et devint un zélateur farouche du mosaïsme, prêt à violenter qui ne partageait pas sa foi. Il était en mission quand le Christ fut jugé. Il ne parut ni à son jugement, ni au Calvaire. Quand il rentra, il s'exalta jusqu'à la fureur, d'accord avec les princes d'Israël, résolut de détruire les Chrétiens. Le Temple l'aida dans ses projets, se servit de cette « *sincérité.* » Pour Saül, Israël était le Peuple Élu, dont la Loi devait régir le monde.

Les prêtres du Sanhédrin crient au « *Blasphème* », se bouchent les oreilles pour ne point entendre de pareilles abominations, et se jettent sur Etienne. On le happe, on le traîne sous les coups, sous le fouet et les crachats, sous les huées et le rire sale des foules, on l'emporte hors la ville. On le lapide.

Saul, muet et sombre, avait rejoint sa demeure où il s'enferma pendant plusieurs jours. L'honnête homme venait de toucher au tréfonds de la lie humaine.

Le martyre de saint Etienne, illustre, pour les siècles, la haine que les Juifs vouaient aux Chrétiens. L'histoire de saint Jacques, de saint Paul et de saint Pierre établit pareillement que le Temple est résolu à détruire une religion qui lui porte tort et ombrage.

Il va nous être facile de démontrer que les persécutions, dont les premiers chrétiens furent victimes, sont œuvres pharisiennes plus que romaines.

Voyons quelle était l'attitude de Rome égard au christianisme.

Jusqu'à Néron, l'Église naissante put se développer ouvertement. Rome accordait liberté entière à tous les cultes.

« *Nos pères,* écrit Salluste, *furent les plus religieux des hommes.* » Les Romains, malgré leurs désordres, méritèrent jusqu'à la fin de l'Empire cet éloge : non seulement pour leur foi, mais pour le respect qu'ils marquaient à tous les cultes. Ils avaient conquis le Monde sans jamais détruire ou railler les divinités des vaincus.

Le premier soin du général qui assiégeait une ville était d'en évoquer les dieux tutélaires, par une prière révérente.

> « *Je te prie et je te conjure, je te demande en grâce, Grand Dieu qui a pris ce peuple et cette cité sous ta garde, de déserter ses maisons, ses temples et ses lieux sacrés, de t'éloigner d'eux, d'inspirer à ce peuple et à cette cité la crainte, la terreur et l'oubli. Abandonne-les ! Viens à Rome chez moi, chez les miens… Si tu m'écoutes je fais vœux de t'élever des autels et de donner des jeux en ton honneur.* »
>
> (Macrobe, *Saturnaliorum*).

Ces solennelles promesses n'étaient pas vaines. Au sac de Veies, livrée par Camille à ses soldats, les temples furent respectés. Pendant que la population, déchirée, pantelante, prenait les rudes chemins de la déportation, de jeunes soldats choisis dans toute l'armée se purifiaient avec soin. Ils revêtirent des robes de lin blanc, pénétrèrent, en suppliants, dans le sanctuaire de la déesse et se prosternèrent à ses pieds.

— Junon ! O Divine ! Épouse de Jupiter, ô Mère des Hyménées, veux-tu venir à Rome, sous la protection de nos Aigles ?

Un cri poussé par l'assistance répond à cette prière des guerriers victorieux ; la statue a incliné la tête : signe de consentement. En un cortège de Triomphe la protectrice de l'Etrurie vaincue est portée sur l'Aventin et Camille, devant toutes les troupes, lui consacre l'édifice promis pendant le siège (Tite-Live, *Histoire*, Le Siège avait duré dix ans).

Rome, persuadée de la supériorité, de sa civilisation cherchait à assimiler ses conquêtes. Pour réussir, elle prétendait à ne rien innover parmi les peuples. Loin d'imposer ses Dieux et ses croyances, elle respectait les Divinités des vaincus ; souvent même, elle les adoptait.

En Gaule, vélites et légionnaires vénéraient, sur les mêmes autels, Apollon et Sirona, Jupiter et Tentates. Si les procurateurs de la Lyonnaise traquèrent les derniers Druides dans le Morvan (*verdurum*) c'est parce que les Druides faisaient de leur culte un instrument de révolte et de politique anti-romaine.

Quand les religions différaient au point de rendre impossible cette confusion d'hommages, les Romains prenaient part aux cérémonies religieuses des pays où ils tenaient garnison.

En Grèce ils s'initièrent aux mystères d'Eleusis ; en Asie, à ceux de Samothrace ; sur les bords du Nil ils offraient des sacrifices à Isis de Philoe, au bouclier et à la lance d'Antar, Apulée allait de sanctuaire en sanctuaire. L'ardeur des Métamorphoses, l'admirateur de Psyché estimait sans doute qu'un Dieu peut avoir des relations que son cousin a négligées et que l'on ne saurait trop boire aux différentes sources de grâces.

Ce n'était pas uniquement en province que Rome usait de tolérance. Dans ses murs elle laissait liberté entière aux cultes les plus étranges et les plus singuliers. Les métèques de toutes peaux, que le prestige de la Ville Éternelle attiraient eurent pleine licence d'apporter, avec eux, les dieux qu'ils vénéraient et de les honorer à leur guise. Rapidement ils eurent leurs temples, leurs prêtres, leurs cérémonies. De longues et pittoresques processions, sur lesquelles fumaient les bois d'encens, défilaient dans les rues. Autour du Forum les fidèles d'Isis, tête rasée, vêtus de blanc, promenaient solennellement la Mère d'Orus ; sur le Mont Viminal les prêtres de Cybèle et Bellone exécutaient leurs flagellations sanglantes ; dans les coins de Subure des nègres se prosternaient devant leurs fétiches ; les Synagogues psalmodiaient.

Il arriva que le culte des Dieux étrangers eut plus de fidèles que celui de Jupiter. Grave danger ! Par prudence autant que par scrupule religieux, les Césars évitèrent d'employer la force. Ils chargèrent un collège de prêtres : les *Quinde cemvirs* de surveiller les cultes étrangers et d'en désigner les ministres. C'était le meilleur moyen d'enrayer le mouvement.

Toutefois, ces précautions s'avérèrent insuffisantes à prévenir les abus. Quelle que fut la répugnance des Romains à attaquer une religion, il leur fallut sévir.

Le consul Postumius eut fort à faire avec une secte de Bacchus qui noyait, dans le vin, tous les scrupules de conscience. Les jeunes gens étaient initiés à ces « *mystères* » avant la vingtième année. Ils tenaient pour dogmes que toute action est indifférente, par conséquent toute morale, stupide, tout crime, licite. Leurs réunions avaient lieu cinq fois le mois ; ils se livraient entre eux aux plus monstrueux excès.

> « *De cette sentine impure sortaient les faux témoignages, les fausses signatures, les testaments supposés, les dénonciations calomnieuses, l'empoisonnement, le meurtre. Ceux qui refusaient l'initiation ou l'infamie étaient précipités par une trappe en de profonds caveaux où ils pourrissaient. Des hurlements sauvages, le roulement des tambours, la stridence des cymbales étouffaient les cris des hommes égorgés et des femmes déshonorées.* »
>
> (Tite-Live, XXXIX, 8, 18).

Ceci n'était plus du culte, mais constituait une association de malfaiteurs. Le Sénat ordonna la recherche des coupables. On en découvrit 7.000. Rome, tolérante, fut implacable. La moitié des hommes tomba sous la hache ; les femmes jugées, à huis-clos, par leurs proches furent exécutées à l'intérieur des maisons (Antique loi de Rome).

Quelque rigueur que montra le Sénat, il ne put se défendre d'une coupable indulgence. Il devait proscrire les Bacchanales. Défense fut faite, simplement, de célébrer les fêtes de Bacchus, à plus de cinq personnes à la fois et sans l'autorisation du prêteur.

Postunius lui-même inclinait à la modération.

— Toutes les fois, disait-il, que la religion sert de prétexte au crime, nous redoutons, en punissant les coupables de commettre une impiété.

Voilà bien le peuple des tribuns et des décemvirs qui rentrait chez lui quand les augures étaient défavorables ! Peuple où l'on trouvait des soldats capables de conquérir le Monde, mais où nul ouvrier ne consentit malgré l'ordre du consul Emolius, à briser les portes du Temple d'Isis ! Cette superstition opiniâtre, les hésitations patriciennes maintinrent dans Rome les cultes étrangers. Et dans les temps ultimes où la République prolongeait ses désordres, l'on vit des triumvirs avides de popularité (mais aussi d'offrandes) élever un autel à Sérapis (dieu égyptien de l'époque ptolémaïque).

Cette étude un peu longue, démontre donc que les Césars laissaient liberté entière aux étrangers de pratiquer leur culte ; que les dieux du Capitole n'étaient nullement jaloux des autres Divinités, que la préoccupation politique de Rome était moins de détendre la Mythologie jupitérienne que de maintenir l'ordre dans l'Empire.

Il est, en conséquence, difficile d'admettre que le Palatin ait persécuté brusquement les Chrétiens, ordonné les meurtres de saint Pierre et saint Paul, si quelque cause étrangère, à l'Evangile et à Rome, n'était intervenue. Quand le tortionnaire s'appelle Néron, quand l'on sait que les banquiers des Sept Synagogues et que les conseillers juifs de Popée étaient tout-puissants sur l'histrion, l'on reconnaît la cause de tels massacres : c'est la haine que les Prêtres hébreux vouaient aux Chrétiens.

Au reste, les Empereurs romains ne distinguaient pas entre Juifs et Chrétiens. À la réserve de quelques rites particuliers, les « églises » qui se rassemblaient chez Prisque ou chez d'autres israélites baptisés ne différaient point, en apparence, des Synagogues. Les Romains avaient, il faut le dire, d'autres comptes à régler que ceux de Jéhovah !

Lorsque Claude, fatigué du tumulte, des pétitions, des délégations que causaient dans les ghettos, les progrès du Christianisme, essaya d'apaiser les rabbis et leurs meutes, il fut contraint de bannir tout Israël à la fois, Juifs et chrétiens (Suétone, *Claudius*).

Dans les tétrarchies d'Empire les procurateurs suivirent le même exemple. Gallion, proconsul d'Achaïe refuse de se prononcer entre les disciples de Moïse et ceux du Christ. Il répond aux Juifs qui lui amènent saint Paul et réclament sa tête.

— S'il était question de quelque injustice ou de quelque mauvaise action je me croirais obligé de vous entendre avec patience ; mais s'il ne s'agit que de contestations, de doctrines, de mots et de votre loi, démêlez vos différents comme vous l'entendrez je ne veux point m'en rendre juge !

En Palestine, Lysias, Félix, Festus parlent et agissent de même. À Antioche, à Iconium, à Philippes, à Thessalonique, à Ephèse ou Bérée, partout, où saint Paul est traqué, ses persécuteurs sont Juifs. Les fonctionnaires romains refusent d'intervenir. Ils ne connaissent que les Sénatus-consultes qui accordent l'entière liberté des religions.

On ne s'étonne plus de voir la haine d'Israël s'exalter contre les chrétiens ; et, par la suite, lorsque le Temple sut que l'Empire avait découvert ses secrets desseins de domination, on comprend mieux encore les événements tragiques qui suivent ; ils sont la conséquence normale, d'intrigues vieilles de plusieurs siècles.

La naissante église avait rapidement prospéré. Les premières chrétiennes qui vinrent à Saint-Pierre sortirent des « *basses-classes.* » C'était parmi elles que l'Apôtre s'était réfugié ; d'autre part, les classes dites hautes ont trop d'intérêt à conserver un état de choses existant, pour se préoccuper d'un nouvel ordre moral ou social. Elles attendent et laissent « *arriver.* » Bientôt quelques patriciennes vinrent boire à la source neuve. Pomponia Græcina quitta soudain le « *monde* », s'enveloppa de vêtements et de voiles noirs, puis se retira dans le silence de sa villa parmi les marbres, les pins parasols et les cyprès de l'Esquilin. Son mari, le consul Plantius, était l'un des conquérants de la Grande-Bretagne et avait « *toutes ses entrées* » chez Les Césars. La retraite de Pomponia fit, comme bien l'on pense, clabauder et bavarder tout le Rome des tablettes mondaines. On s'indigna, on prit des airs de pitié, on accusa le mari de séquestrer sa femme ! Celui-ci tenta vainement de surprendre et d'expliquer le secret de cette retraite. Sa femme répondit avec mélancolie qu'elle voulait vivre chez elle de l'existence austère des matrones et ne plus avoir de contact avec ses contemporaines, qui l'excédaient. Ce sont des choses que les pécores de tous les temps, n'ont jamais pardonnées.

Cette grande dame avait approché Messaline ; elle avait connu la malheureuse Julie, fille de Drusus, victime de Poppée ; elle connaissait les sanglantes débauches de Néron et des siens. On conçoit que le dégoût de telles espèces ait rempli l'âme pure de Græcinan ; l'on explique qu'elle soit allée vers ces catacombes où la vertu cherchait refuge, au sein de la terre.

Selon l'antique usage, son mari dut instruire le procès de sa femme devant un conseil de famille. Il la défendit lui-même et la proclama innocente. « *A partir de ce temps, écrit Tacite, on ne l'inquiéta plus pour l'austérité de sa vie. Sa constance lui valut la gloire.* »

Pomponia Græcina, s'était convertie au christianisme.

Tant que de pareilles conversions ne vinrent pas illustrer l'œuvre de saint Pierre et saint Paul, la Synagogue n'en prit pas ombrage. Bientôt, le séjour des quartiers juifs devint dangereux pour Pierre. Il dut quitter la Transtevere. Il séjourna sur l'Aventin. Au XVe siècle, on lisait encore sur la porte de l'église Saint-Prisque cette inscription :

« *C'est ici la maison d'Aquila et de Prisque la Vierge bienfaisante !* »

Entrant chez Prisque, Pierre continuait la conquête de la haute société romaine. Par elles et par Aquila, l'apôtre pénétra dans la noble famille des Pudens. Ainsi, l'Eglise Sainte-Prisque sur l'Aventin marque le premier pas de Pierre, hors les « *ghettos* » romains ; celle de sainte Pudentienne sur le Viminal, constitue la seconde étape. L'apôtre s'éloignant des bas quartiers pénétrait dans les régions habitées par les patriciennes : car la maison de Pudens était au plein centre de l'aristocratique quartier le « *Vicus Patricius.* » La fureur des Juifs fut indescriptible.

Jusqu'en 64, conservant la situation que lui octroyait la légalité romaine, la jeune église demeura libre de s'étendre et jouit de la protection accordée à toutes les religions de l'Empire. Secours précieux, car les Juifs s'acharnaient à perdre les chrétiens. Ils n'avaient point d'autres ennemis et, pendant un quart de siècle, ils n'en eurent point d'autres. Par deux fois, depuis la mort du Christ, les prêtres avaient ressaisi, à Jérusalem, le droit de vie et de mort. Ils en avaient usé en tuant Etienne et Jacques ; ils avaient multiplié les tourments et les tortures parmi les humbles qui tombaient sous leur juridiction intéressée et fanatique. Sans la protection de Rome, le Christianisme eut été exterminé.

Les chrétiens méritaient cette bienveillance. Ils ne constituaient point un Etat dans l'Etat, ils obéissaient à la législation romaine. Beaucoup même, servirent dans les légions. Une certaine littérature s'efforce de montrer les premiers fidèles comme un danger pour les institutions de Rome, comme des factieux en révolte contre César. On en conclut que les décemvirs sont excusables d'avoir appliqué à des rebelles les atroces pénalités de l'époque. Rien n'est plus faux. Saint Paul écrit dans son *Epitre aux chrétiens de la Cité impériale* :

> « *Que toute âme se soumette aux puissances supérieures, car il n'y a point de puissance qui ne vienne de Dieu, et c'est lui qui a établi celles qui existent. Celui donc qui s'oppose aux puissances résiste à l'ordre de Dieu. Le prince est l'instrument de Dieu pour exécuter sa vengeance sur celui qui fait le mal. Il faut donc lui être soumis, non seulement par crainte du châtiment, mais par devoir de conscience. C'est pour cela que vous payez le tribut aux princes, parce qu'ils sont les ministres de Dieu.* »

Ce ne fut qu'après les flambées abominables de Néron que le langage changea. Il aurait fallu pousser l'amour chrétien au delà des limites permises par Dieu pour ne point maudire l'Impérial tortionnaire !

Il eut surtout fallu maudire le Temple dont il avait été l'instrument.

Il est donc suffisamment démontré qu'entre les chrétiens et Rome, n'existait aucune haine. Par contre, la multiplication des Eglises, ce culte rendu à Dieu en dehors du Temple Unique exaspéraient la haine pharisienne. La personnalité de saint Paul ajoutait encore à la fureur hébraïque.

Paul n'était autre que Saül que nous avons vu se retirer sombre et songeur après la condamnation de saint Etienne. Un jour, il fut chargé par le Sanhédrin d'exterminer les chrétiens de Damas : On lui remet des lettres pour les synagogues de la ville afin qu'il trouvât les ressources et les secours que nécessitaient une telle mission.

Saül marcha droit sur Damas, sans donner un regard aux petites chrétientés établies sur sa route. Il emprunta la voie romaine qui, par la Samarie, le Thabor, Capharnaüm, traversait le Jourdain au « *Pont des Filles de Jacob* » et contournait l'Hermon. Il traversa l'Iturée sur un sol de lave, de rocs brisés rongé de soleil, coupé de fissures profondes. Au sortir de ce désert la plaine, que rafraîchissent le Pharphar et l'Ahana, apparaît comme un paradis retrouvé. Damas toute blanche, dans son écrin de verdure, parmi ses orangers et ses citronniers, se révèle telle que les Arabes la décrivent :

« *Une jonchée de perles sur un tapis d'émeraude.* »

On sait ce qu'il arriva.

Il était midi. Saül chevauchait à la tête de son escorte. Il rêvait gloire et prochains triomphes. Il voyait la ville entière, accourant à sa voix, les Juifs en liesse, les chrétiens terrassés : tout à coup, une grande lumière versée du ciel, enveloppe les voyageurs comme la foudre, les renverse, les jette sur le sol. Au même instant, une voix proclame dans le silence et la terreur universelles :

— Saül ! Saül, pourquoi me persécutes-tu ?

— Qui êtes-vous, Seigneur ! Répond, Saül.

— Je suis Jésus de Nazareth ! Il t'est dur de regimber contre l'aiguillon !

— Seigneur ! Que voulez-vous que je fasse ? Le Seigneur répond :

— Lève-toi, entre dans la ville, on te marquera là ce que tu dois faire !

L'escorte était pétrifiée. Saül se relève, étend les bras, titube, cherche sa route. Ses yeux sont ouverts, mais ses yeux ne voient pas. L'un de ses soldats le prend par la main, le guide sur « *le chemin de Damas* » ; tous franchissent la porte et entrent par la rue droite.

Cette voie, l'une des splendeurs de la ville, traverse Damas de l'Orient à l'Occident ; large de cent pieds elle est coupée par des portiques corinthiens et par un arc de triomphe... Toute la population attend l'envoyé du Temple. Juifs et Gentils, rassemblés, acclament celui qui doit les débarrasser des Chrétiens par le glaive et la croix. Et voilà le fier, l'indomptable Saül qui s'avance, trébuchant, les regards vides, traîné par une escorte consternée. Le silence et la stupeur accueillent le vengeur d'Israël.

... Et ce fut la conversion de saint Paul. Il retrouva la vue, écrivent les Actes.

Quelques temps après, Paul prêchait dans les Synagogues et assurait que Jésus était le fils de Dieu.

Est-ce bien là, demandaient les Juifs ébahis, celui qui, dans Jérusalem, exterminait ceux qui prononçaient ce nom et qui est venu ici, pour les amener liés, aux princes des Prêtres ?

Les Prêtres ne pouvaient pardonner cette « *trahison* » à l'élève de Gamaliel, au jeune adolescent qui étonnait les rabbis de la Tarse ; à celui qui récitait la Shéma tout en tressant le poil des chèvres que fournissent les troupeaux du Taurus, à Saül, ennemi d'Etienne, que le Temple avait pris sous sa protection.

Il dut s'enfuir de Jérusalem, se réfugier en Arabie où il convertit de nombreux Arabes au Christianisme.

Son Épître aux Hébreux acheva de mettre hors d'eux-mêmes les Sanhédrites. Paul démolissait de main… d'apôtre, la concussion en Dieu organisée par le Temple, en démontrant que l'œuvre des Prophètes d'Israël ne pouvait s'achever que dans le Christ : L'action tenace, indomptable qu'il avait entreprise dans Rome, aux côtés de saint Pierre, le désignait à tous les complots de l'abominable équipe qui manœuvrait Maryllus, comme elle avait manœuvré Pilate.

Un événement imprévu permit aux Synagogues d'assouvir les haines qu'elles vouaient aux deux apôtres et aux chrétiens : cet événement fut l'incendie de Rome. Il n'est pas inutile de le rappeler, car il jette des clartés sinistres sur les crimes et tortures dont la Russie, la Hongrie, l'Espagne contemporaine et la France révolutionnaire ont été les Géhennes juives, par la suite des siècles.

Le 19 juillet 64, l'incendie éclata, non loin de la Porte Capène, à l'extrémité du Grand Cirque contiguë au Palatin et au Chus (Tacite, *Annales*, XV-38-44.52). Ce quartier de Rome était celui dont Néron rêvait la disparition afin de faire bâtir par Sévère, un palais digne des Satrapes de l'Egypte et de l'Assyrie.

Des boutiques se pressaient dans cette partie de la Transtevère, comme elles se pressent dans la ville arabe de Constantine ou dans le vieil Alger de la Kasbah : Les marchands d'huile, marchands de cire, marchands de résines et de torches résineuses !!! Le feu poussé par un vent de circonstance, dévora comme tas de paille cette agglomération sèche de masures légères. Il envahit le cirque dans toute sa longueur et n'en laissa que la carcasse.

> « Les ruelles tortueuses ne permettaient l'arrivée d'aucun secours. En quelques secondes elles furent bourrées de gens terrorisés, hurlants, fous. Toute cette foule se précipitait, s'embarrassait, se débattait, s'écrasait dans un désordre effroyable. »
>
> (Dion Cassius).

Des milliers de personnes tombèrent et reçurent comme tombeau des coudées de cendres !

Le feu sortit de la cuvette du Transtevère. Il s'élança vers les hauteurs pour redescendre et porter ses ravages dans la ville entière. Les quartiers du Palatin, le Velabre, le Forum, les Carènes, furent dévastés ; le feu prit d'assaut le Coelius et frôla Subure, détruisit le Viminal. Il ne fut arrêté que le sixième jour au pied des Esquilles. Les machines de guerre, balistres et catapultes, béliers que manœuvraient la garde prétorienne, « abattirent les édifices afin d'opposer à la contagion dévorante une plaine nue, le vide des cieux. » (Tacite, *Annales*).

Le nombre des morts et des blessés fut incalculable, celui des suicides immenses. Morne, le peuple gisait dans les campagnes. La terreur commençait à décroître, quand l'incendie, renaissant à l'improviste dans les domaines de Tigellin, sévit encore pendant trois jours… Alors, on put se rendre compte de l'énormité du désastre. Des quatorze régions de Rome, quatre seulement avaient échappé au cataclysme. Ce n'étaient partout ailleurs que ruines à demi consumées, débris fumants, murs écroulés, cadavres momifiés par les flammes !

Néron, tranquillement, villégiaturait sur les bords de la mer, à Antium quand l'incendie éclata. L'alibi était impérial. Il accourut immédiatement et parut d'abord vouloir combattre le fléau. Comédie bien histrionnée ! On le vit de nuit, sans gardes, courir çà et là, à travers les flammes. Ce fut sur son ordre que les machines de guerre entrèrent en action. Les espaces détruits suffisaient alors à ses goûts pour l'architecture :

Il se montra pitoyable à la multitude sans asile. Ainsi, de tout temps, les monstres qui gouvernent les nations se servent dans la destruction même et donnent les miettes du festin, à la plèbe : secours de chômage, ou sportule de raisins secs ! Néron abaissa le prix du pain après avoir flambé les gîtes. Rome sentait le roussi, il jeta de l'encens sur les charognes brûlés. Mais ses monstrueux instincts de « *cabotin* », de politicien bavard et faraud, sa cruauté reprirent rapidement le dessus.

Il ne comprit pas l'horreur du crime, il n'en vit que la grandiose !

Témoigna-t-il devant cette féerie sinistre une indécente admiration ? Ne put-il cacher sa joie de voir le Palatin dégagé, une ville nouvelle à bâtir.

On peut le supposer car, immédiatement, ce bruit courut aussi vite que le feu :

— C'est Néron qui vient d'incendier

Rome ! Suétone est catégorique.

> « *Feignant d'être offensé de la laideur des vieux édifices, des rues étroites et tortueuses de la ville, il brûla la ville, et le fit si ouvertement que personne n'osait arrêter les prétoriens et les esclaves du palais, surpris dans le domaine impérial la torche et l'étoupe enflammée à la main. L'emplacement des magasins qui entouraient sa future « Maison d'or » était particulièrement l'objet de ses convoitises ; des béliers en abattirent les murailles afin de livrer passage aux flammes.*
>
> « *Néron, debout sur la tour de Mécène, contemplait le désastre ; ravi de la beauté des flammes, il chanta en habit de théâtre la ruine d'Illion* »

(Suétone, Néron, 38).

Le mystérieux réveil de l'incendie dans les domaines de Tigellin, son favori, accrut les soupçons. Ils devinrent certitudes lorsqu'on vit Néron bâtir son palais « *d'or et de pierreries* » sur les décombres du Palatin. Célère et Sevère dégagèrent l'espace aux alentours, créèrent un parc dont Le Nôtre aurait pu s'inspirer. Épuisant les trésors de l'Europe, « *ils enfermèrent dans l'enceinte des champs, des prairies, des lacs, des solitudes artificielles, bois, esplanades, perspectives* » (Tacite et Suétone) (34).

Rome fut convaincue que le sinistre n'avait rien de fortuit. Et Rome murmura : Jusqu'à ce jour les extravagances de l'Empereur avait trouvé la plèbe hilare et indulgente. Il l'avait abrutie par les jeux, par les dons, par les sports. Il la flattait dans son amour des courses, de la lutte et des compétitions de gladiateurs, auxquelles répugnaient les patriciens et les lettrés.

---

34 — Le Ghetto avait été brûlé. Néron s'attira des haines parmi les Juifs

Qu'importait à la canaille les meurtres et les orgies de la cour ! La voyez-vous de nos jours s'indigner parce que tel ministre assassin dirige la Nation ou parce que tel autre suppure de mœurs infâmes ? *Panem et circences* ! sportule et cirque (secours de chômage et cinéma), l'essentiel est que cette brute ivre rit grossièrement, boive et mange ! Donc, tant que les folies néroniennes ne dégradèrent que l'Empereur et l'aristocratie, la populace applaudit.

Mais le jour où elle vit ses bouges en flammes et fut chassée des quartiers qu'elle habitait, la plèbe s'agita. Le spectacle de Poppée, suivie de ses ânesses et de ses éphèbes juifs, ne suffisait pas à satisfaire les « *sans abris* » du Transtevère !

D'autre part, les temples les plus vénérés, les monuments glorieux de la vieille Rome avaient disparu : le Forum, le sanctuaire consacré à la Lune par Servius Tullius ; l'autel d'Hercule, œuvre d'Evandre, le Temple de Jupiter, construit par Romulus, le palais de Numa, les Pénates du peuple, les chefs-d'œuvre de l'art grec, les trophées de tant de victoires étaient détruits.

La colère fut grande parmi la bourgeoisie et le patriciat romain. Aux armées, l'on parla de déposer Néron ! Il fallait aviser et découvrir les coupables.

Simon et les Synagogues désignèrent les chrétiens à la « *justice impériale* » : Un mot de saint Clément, vague en apparence, mais très, significatif, établit solidement cette accusation. « *La persécution, dit-il, fut l'effet de la jalousie.* »

L'aversion d'Israël pour les disciples du Christ se manifestait sans retenue : elle croissait, gagnait de proche en proche, devenait haine de secte et de sang. Puisque les chrétiens ne voulaient point abonder dans le sens du Sanhédrin, participer à la conquête de Rome, par la décomposition, rata ! Il fallait les détruire ! Paul parti en Espagne, laissa la jeune église prospère et forte. L'hostilité des mauvais Juifs se déchaîna et finit par éclater.

Ils se servirent de la calomnie qui favorisait à la fois leur sûreté et leur vengeance.

Il était facile d'accabler les chrétiens. Ne parlaient-ils pas « *de l'embrasement final, des flammes qui purifieraient les abominations de la nouvelle Babylone ?* »

Pierre n'avait-il pas répété :

 « *Le Ciel et la terre, d'à présent, sont réservés pour le feu du Jugement dernier ?* »

Simon et les siens ne manquèrent pas de faire remarquer ces « *imprudentes* » paroles, ces « *criminels* » propos. Et l'on juge s'ils s'en indignèrent admirablement : comédiens, devant l'Empereur comédien !

Ils pouvaient porter facilement leur soupçon en haut lieu, leur influence à la cour, nous l'avons dit et répété, atteignait à la faveur. Les esclaves affranchis, acteurs, musiciens, poètes juifs, affluaient autour de Néron ! Quelles terribles et sombres intrigues se nouèrent alors entre Poppée et les chefs de Synagogue !... En tout cas, la perte de la « *race détestée* » fut résolue.

Néron accueillit la dénonciation juive avec joie. Il se jeta sur cette piste avec toute la fureur de ses instincts de fauve ! En quelques heures, Rome fut remplie de vélites acharnés à favoriser le dessein des Juifs. Avec une promptitude significative les soldats furent guidés, les chefs des communautés arrêtés et saisis à l'improviste. Les listes des fidèles découvertes ainsi, servirent d'indice à la police néronienne. La multitude entassée en prison fut bientôt telle que Rome s'en alarma. De braves païens s'attendaient fort peu, évidemment, à voir arrêter leur femme, leur fils ou leur fille dont ils ignoraient la conversion.

Mais il était plus aisé de saisir cette foule d'innocents que de les convaincre du crime d'avoir flambé Rome !

Et c'est ici que s'affirme avec toute sa sombre et sadique cruauté le génie des Prêtres d'Israël ! Ce que furent les conversations entre les Synagogues et le Palatin ; ce que furent les résolutions, prises dans le boudoir de Poppée, nul ne le sait ! Mais un cri venu des ghetto, cri repris du Sanhédrin de Jérusalem, s'éleva de la ville en cendres : Ces gens-là veulent détruire la société romaine. On déclara les chrétiens coupables de « *haïr le genre humain.* »

L'imputation est vague à dessein, elle est propre à frapper l'esprit du vulgaire. Il semble entendre les foules hurlant sur le passage du Christ, d'Etienne et de Jacques ; on retrouve, ricanante et sournoise, l'implacable méthode pharisaïque... Accusation analogue à la qualification de « *suspect* » qui fit des milliers de victimes sous la Révolution, et qui vient de couvrir de cadavres torturés la Russie, la Hongrie, l'Espagne :

accusation semblable à celle que les fanatiques de la Ligue lancèrent contre les Parpaillots.

« ... Les chrétiens de Rome, en 64, n'étaient pas suffisamment nombreux, pour porter ombrage au pouvoir. S'ils furent chargés d'abominations et de crimes, s'ils furent dénoncés comme ennemis des Dieux et des hommes, c'est aux Juifs qui entouraient Néron qu'en revient l'infamie »

(C. Fouard, *Les origines de l'Eglise*).

Nous allons retrouver dans « *l'ordonnancement* » des supplices, le sadisme spécial aux races usées.

Où donner à la plèbe carnassière et sans gîte une compensation à ses nuits de plein air ? Où dresser les croix ? Où convier les fauves et les hommes ?

Le Grand Cirque était anéanti et l'amphithéâtre de Flaminius dévasté. Le Colisée n'était pas encore construit ? L'on ne pouvait, d'autre part, offrir une pareille fête au peuple, sur les décombres noircis de ses demeures incendiées !

Néron possédait d'immenses jardins sur la rive droite du Tibre, au pied de la colline du Vatican. Dans ce domaine impérial, était bâti un cirque où l'histrion couronné avait déjà convié la plèbe à l'applaudir.

C'est là qu'il convoqua le peuple de Rome pour le rendre témoin de l'expiation publique. Seuls, les Juifs s'en rassasièrent. La cruauté des conseillers de Néron, ses sales instincts, contribuèrent à une telle tuerie que la foule même y répugna : On sait, cependant, qu'elle était blasée ! Tout endurci que fut le peuple aux égorgements du cirque, Néron et ses Juifs l'indignèrent. Ils avaient joint à l'horreur épouvantable des supplices, la dérision, l'outrage et l'humiliation : le peuple romain se souvint que ses pères n'admettaient pas qu'on déshonorait la mort !

La « *Fête* » fut donnée le 5 août. Elle débuta par des combats de fauves et de taureaux qui occupèrent la matinée. L'après-midi, Néron parut. Il était vêtu en Apollon et portait comme le dieu pythien un arc et des flèches. Il fut applaudi.

Les Juifs se signalèrent par leur joie frénétique. À peine l'empereur fut-il placé que la porte à deux battants s'ouvrit au-dessous du podium.

En longue troupe, les chrétiens parurent et défilèrent sous le fouet des gardiens.

Nous ne décrirons pas en détail ces spectacles à la « *Quo Vadis.* » La littérature nuit parfois à la réalité.

Des poteaux en croix étaient dressés dans l'arène. En partie, les malheureux y furent attachés ou cloués. D'autres furent revêtus de peaux de bêtes attendirent leur tour. Sur les premiers on jeta les tigres et les lions et l'horrible repas commença. Sur les seconds on déchaîna des chiens dressés à combattre les fauves. On laisse deviner ce que fut cette curée !

Saint Clément nous montre les femmes longuement exposées aux affronts, aux tortures.

> « *Contraintes de jouer les unes le rôle des Danaïdes, les autres celui de Circé, elles subirent d'impies et de terribles opprobres.* »

Aux spectateurs rassasiés jusqu'au dégoût, Néron offrit alors quelques-unes de ces scènes mythologiques à la mode qui flattaient les bas instincts de la foule. Le sang, la volupté, la mort sont indispensables aux « *galas de Démos !* »

Il n'était pas de supplice, mentionné par l'histoire ou par la légende, que Rome n'eut renouvelé pour son amusement : Ixion, sur la roue ; Hercule, dans les flammes ; Attys, mutilé ; Orphée, dévoré par un ours ; Pasiphaé, livrée au taureau ; Dédale, précipité du ciel ; le bandit Lauréolus, mis en croix ; le Christ et les larrons.

La Grèce artistique, mère de ces légendes, se fut cabrée ! Mais, sous Néron et ses Juifs, les Tableaux vivants étaient au « *goût du jour.* » D'infortunées chrétiennes furent condamnées à jouer en réalité la sanglante tragédie du « *Taureau Farnèse* », du musée de Naples et des fresques de Pompéi :

> « *Les fils d'Antrope, pour venger leur mère, attachent Dircé au taureau qui doit la traîner sur les rochers d'Hélicon. Liées, nues, par les cheveux, les chrétiennes furent mises en lambeaux sous les regards d'une foule avide de contempler leurs corps pantelants et leurs membres déchirés.* »

Parfois, Apollon-Néron se levait et, d'une flèche, achevait une agonie !

Nous passerons sur les abominations dont cet après-midi du 5 août fut le théâtre. Comme le rapportent Suétone et Tacite, Néron se révéla capable de toutes les infamies. Les honteux détails donnés par ces historiens indiquent ce que les femmes et les jeunes filles livrées à un pareil monstre durent supporter avant de mourir.

En France, nous avons eu les « *mariages républicains* » de Carrier ; en Espagne, le sadisme et la torture se déchaînèrent sur les religieuses et les jeunes filles ; l'essence compléta ce que le soufre et la résine achevèrent sous Néron. Trois Juifs, que Louis Blanc désigne dans son Histoire de la Révolution, avaient été les organisateurs des Massacres de septembre ; de Hongrie en Catalogne, le Juif Bela-Kuhn établissait le « *programme des fêtes.* » Néron n'imagina pas mieux [35].

La Fête de Nuit dépassa en magnificences tragiques la Fête de Jour. Poppée y comparut dans tout l'éclat somptueux de ses splendeurs adultères.

Rome aimait les veilles joyeuses, la féerie des feux de joie, les illuminations répondant de sa terre parfumée aux illuminations radieuses de son ciel incomparable... Mais, la fête nocturne de Néron, en 64, ne laissa que sinistres lueurs et souvenirs lugubres. Liés ou empalés à des pieux, les Chrétiens formaient tout au long des allées des lignes de fanaux vivants. Le soir tombé, quand les jardins impériaux s'ouvrirent au peuple, les esclaves allumèrent d'un geste simultané tous ces flambeaux humains... Ce fut le « *clou* » des réjouissances, l'apothéose de la Justice : revêtus de la chemise de soufre des Incendiaires, les Chrétiens flambaient sur les décombres de Rome.

À la lueur hurlante de ces candélabres humains des courses furent organisées. L'empereur y prit part en costume de cocher. Mais, c'en était trop !

Ces corps racornis qui pendaient recroquevillés aux croix brûlantes, ces attitudes d'agonies violentes, le macabre ricanement des mâchoires ouvertes par le suprême râle de souffrance ; ces bras tordus par des désespoirs de géhenne, cette infernale avenue de morts fumants, terrifia Rome. L'imagination des Romains ne pouvait atteindre à ce raffinement dans la cruauté. Ils comprirent que les Chrétiens venaient d'être immolés à la mégalomanie d'un seul homme, à l'orgueil implacable

---

35 — Nous n'entreprenons pas de défendre une bourgeoisie déficiente, pourrie par le mal d'argent que lui a inoculé Israël. Mais si l'on ne peut la laisser « *mourir lentement en emplissant ses poches* » il convient de ne pas oublier que la fusillade pure et simple doit suffire à la loi des Guerres civiles.

de ce Sanhédrin lointain qui, dominant l'empereur, entendait dominer l'Empire.

Nous n'entreprendrons pas de conter le martyre de saint Paul et celui de saint Pierre. La Juiverie apparaît derrière ces deux exécutions. Les deux apôtres avaient échappé au Sanhédrin de Jérusalem, ils n'échappèrent point aux Synagogues de Rome. Ce n'était plus l'heure où les magistrats de l'Empire, leur rendaient à l'envi impartiale justice ; où Gallion, Félix, Festus et le centurion Jullius ne mettaient la main sur eux que pour les soustraire aux fanatiques fureurs des Zélotes et aux haines des Pharisiens.

Fatalement, leur sort devait être tôt ou tard celui de saint Etienne et de saint Jacques. Les deux apôtres ressortissaient des Commissions permanentes (*questiones perpetuæ*) ou de la cour de justice, terre du Sénat. Ils comparurent devant une espèce de comité qui ne donna qu'une parodie de justice (Saint Clément et Dion Cassius). Les favoris de Néron, les âmes damnées de Poppée, Simon, Tigellin et Hélius étaient tout-puissants au prétoire et Paul ne se fit aucune illusion sur le sort que lui était réservé quand il se vit entre leurs griffes.

Saül de Tarse, l'indomptable, expia aux Eaux Salviennes le crime de ne point avoir exterminé les Chrétiens de Damas. Le même jour, le 29 juin 67, Pierre, sur la Spina, était crucifié la tête en bas parce qu'il multipliait les Temples et les sacrifices à Dieu parmi la terre des hommes.

Le supplice de Pierre et Paul fut le couronnement des massacres du 5 août. Ce n'est pas impunément que l'on provoque Israël et surtout ses Prêtres-Banquiers.

Chapitre VI

LE FAISCEAU ROMAIN
CONTRE LES JUIFS ET NÉRON

L'Empire frémissait de toutes parts, ruiné par les Juifs, déshonoré par Néron. L'ombre de Poppée s'attardait sur le Cirque où Rome, rassasiée de servilité, dégoûtée de sang et de crime, gorgée d'horreur, n'applaudissait plus que par contrainte. L'infamie lasse plus vite les âmes que la vertu.

Le faisceau romain, ébranlé par ce fou frénétique, allait se reconstituer et retomber de toute la pesanteur de ses lances sur l'échine de tous les Juifs innocents ou coupables. Jérusalem, en raison du principe immuable des actions et réactions concordantes, devait subir le châtiment de son orgueil et de ses atrocités.

Plus encore que ses rapines et ses vices, normaux chez tous les Démagogues applaudis par la foule, la conduite de Néron, à l'égard de l'armée, précipita sa chute.

Aussi bien, l'honneur en ces temps, comme au nôtre, ne sert pas tout, le monde !

Il fallait des trésors à ce mégalomane pour suffire au faste vénal qui constituait la base de sa politique et pour gorger cette racaille

« populaire » qui composait son « public. » Le seul voyage accompli par l'Empereur à Tiridate coûta 2 milliards de notre franc-Blum (Suétone, *Néron*, 30). Mais, quand il fallut payer les vétérans, les caisses du trésor fermèrent les guichets. Avoir vaincu pour Rome sur le Rhin, sur la Meuse, sur la Marne, en Ibère, en Ifrykia, en Egypte, en Galilée, faisait perdre tout droit à la reconnaissance romaine. Mais, histrionner devant le Sénat, haut-parler devant la plèbe ivre, recevoir les applaudissements du Cirque, se gorger de rapines, trafiquer sur les corps pantelants des défenseurs de la Patrie, c'était acquérir des droits aux prébendes du budget. (*France*, 1918-1940.)

Les légionnaires ne furent pas payés.

Les chefs, abandonnés aux soupçons des « affranchis » soumis à des espèces de petits « soviets » contrôlés par les délateurs juifs de Néron, se concertèrent et s'unirent. Tous ceux que leur valeur ou leurs victoires plaçaient en vue devinrent suspects : pour les mieux partagés ce fut l'oubli en des postes inférieurs ou la disgrâce ; pour les plus illustres, ce fut la mort. Deux frères de la noble famille Scribonia, Rufus et Proculus commandaient avec éclat en Espagne. Rappelés par l'empereur, ils reçurent en route l'ordre de s'ôter la vie. Les services rendus par Cobulon (*Cnéius Domilius*) vainqueur des Parthes, l'admiration que marquait l'empire à ce général, ne le sauvèrent pas. Mandé lui aussi au Capitole, il trouva sa condamnation au port de Kenchrées (36).

Sur l'heure il se perça de son glaive. — Je l'ai mérité, dit-il. J'aurais dû prévenir le monstre et délivrer le monde de sa tyrannie (Dion Cassius, XIII, 17).

Nous avons constaté, par notre histoire, par celle de l'Espagne contemporaine, par celle de l'univers, que les empires renaissent souvent plus forts de leur décomposition. La dignité de l'homme lui fait secouer ses sanies et ses tyrans comme le lion ses croûtes et ses poux. L'instinct de vivre et de survivre le fait sortir de sa fiente et de son pus. Alors quelle que soit l'étendue d'une nation, la commotion bienfaisante, qui la ranime étend son frisson du Nord au Sud, de l'Orient à l'Occident ; tous les peuples qui se vautraient, arrivés au même degré de servitude,

---

36 — Le poison pour Mangin, l'ergastule pour le Centurion qui ne salue point Stavisky de l'épée. France 1940.

éprouvent soudain le même besoin d'air pur et de liberté. Les mêmes cris s'élèvent de vingt endroits ; le même appel aux armes retentit par vingt dialectes différents, tous exigent les mêmes droits et les mêmes réparations ; tous demandent « *que ce qui est ne soit plus* » (37).

L'avenir sera-t-il meilleur que le présent ? Nul ne le sait et peu importe ! Mais le présent c'est la mort, il faut donc s'en débarrasser d'abord ; on transigera avec l'avenir.

L'empire romain pourri par Néron, décomposé par les prêteurs et conseillers juifs de Poppée, en était arrivé à cette période.

La louve semblait crevée ou pour le moins atteinte de tous les scrofules et lèpres suppurantes. Ses mamelles ne fruitaient que du pus.

La Judée dégoûtée des tractations des Pontifes avec Néron donna la première le signal de la révolte. Nous verrons qu'il s'en fallut de peu que Rome fut jetée à la mer. L'Espagne suivit. La Gaule entière se souleva.

De Lusitania, Othon, l'ancien mari de Poppée, envoya des subsides aux révoltés. Il se ruina pour sauver la patrie.

Dans la Germanie inférieure, Fontéïus, Capiton ; dans les Gaules, Vindex ; en Espagne, Galba ; au Portugal, Othon ; en Afrique, Claudius Macer ; en Syrie, Vespasien, formaient avec leurs légions un cercle menaçant. Peu décidés à subir le sort de Corbulon ou à boire le poison préparé par Locuste et tendu par César, ils n'attendaient qu'un signe pour marcher sur la capitale.

Seul Verginus, dans la Germanie supérieure, avait décidé de demeurer fidèle à l'empire. Il suffisait d'une étincelle pour provoquer l'incendie. Ce fut Julius Vindex qui la fit jaillir.

Descendant des vieux rois d'Aquitaine, homme de grand cœur et de tête, Julius comprit que l'heure de régénérer Rome était

---

37 — Ainsi les misérables tyranneaux qui ont perdu la victoire, pourri la France depuis 1918, imaginent-ils qu'en cas de nouvelle guerre ils n'auraient point de compte à rendre.
Tous sans exception doivent être jugés, condamnés, car tous ont trahi la Nation, se sont enrichis d'elle, ce qui est identiques ; tous ont pratiqué ou fait pratiquer pour leur compte et le compte des leurs, concussion, prévarication et vol. Tel qui se maintient au pouvoir, s'y maintient pour conserver ses pilleries et éviter le châtiment.

marquée au grand sablier de Caracallas. Son origine royale lui rendait particulièrement odieux le vil maître au nom duquel il commandait, ainsi que la sale caste des courtisans dépravés ou des catins suburanes qui menaient l'orgie impériale. Chaque courrier lui apportait de Rome des échos de crimes, de martyre, d'assassinats, des récits des sanglantes démences et de concussions inouïes.

Le Patrice, sans ambition pour lui-même, résolut d'agir. À sa voix les fières et antiques races qui avaient résisté aux légions de Claude :

> « *Eduens, Sequanes, Arvernes se soulevèrent. Cent mille hommes, farouches et déterminés, furent sur pieds, au premier appel. Des rives de l'Armorique aux sommets sauvages de Bibracte, jusqu'aux Puys de Gergovie, les feux s'allumèrent, les olifants sonnèrent à la bataille : toutes les tribus s'armèrent.* »
>
> (Dion Cassius, LXIII, 22).

... De l'autre côté des Pyrénées, Sulpicius Galba commande (38). Ses victoires en Afrique et en Germanie l'ont rendu célèbre. Néron le craint comme le vice craint la vertu. Il le hait comme la honte hait l'honneur. Le César des histrions a expédié le Prétorien, loin de Rome, à dessein. Les augures et la tradition populaire désignent le général à la couronne. C'est pour ce motif que Sulpicius Galba a été exilé de sa villa de Fondi, comme factieux. Vindex lui fait parvenir le plan secret de l'entreprise.

> « *Cent mille Gaulois, écrit-il, vous supplient d'accepter la dignité suprême.* »

Galba décide d'attendre et garde le secret. Vindex comprend cette réserve et ce significatif silence. Il galvanise la Gaule.

Au milieu du luxe et de la corruption romaine, parmi tous les séides dévorants dont l'Impériale démagogie a pourri la Narbonnaise et

---

38 — Galba (Servius Sulpicimo), Général, puis Empereur romain. Né en 5 av. J.C. à Terracine. Il succéda à Néron et régna 7 mois de 68 à 69. D'un caractère austère et inflexible il refusa d'accéder aux exigences de la Plèbe néronienne et fut assassiné par les Prétoriens dont il ne voulut pas satisfaire les caprices. « *J'enrôle mes soldats, déclara-t-il, je ne les achète pas.* » Tacite porte sur lui cet admirable jugement, dont sont si peu recevables les histrions qui nous gouvernent en ce siècle. « *Supérieur à la condition privée, tant qu'il resta ; il eût été jugé par tous digne de l'Empire, s'il n'eut été Empereur.* »

l'Aquitaine, Vindex est resté le Gaulois des anciens jours. À la résolution froide et arrêtée des gens du Nord il joint la parole hardie, colorée et sonore des hommes du Midi...

Il rejoint en trois jours de galop les chefs gaulois à Clermont. Il pénètre dans la salle du conseil. Les aigles s'inclinent, les épées se lèvent, Vindex sur la tribune, debout sur un amas de boucliers, proclame impétueux et prophétique :

— Vous délibérez sur les affaires et le destin des Gaules. Vous cherchez la cause de vos maux et ne la trouvez point parmi vous ! La cause est toujours la même. Elle, réside dans l'improbité des hommes qui prétendent à gouverner, dans leur cupidité, dans leurs crimes. La cause est à Rome, le coupable c'est Œnobarbus (nom du père de Néron.)

C'est lui qui, les uns après les autres, a anéanti tous vos droits ; c'est lui qui a réduit vos plus riches provinces à la misère ; c'est lui qui, pour satisfaire au lucre, à ses débauches, à celles de ses sicaires et de ses courtisans, vous épuise par de déshonorants tributs ; c'est lui qui revêt de deuil par l'assassinat vos plus nobles maisons.

Et maintenant, parce qu'il est le dernier de sa race, parce que seul demeuré de la famille des Césars, il ne craint ni rival ni régicide, il a lâché la bride à toutes ses fureurs, comme il le fait pour ses coursiers ; voilà qu'il écrase la tête de Rome et les membres de ses provinces sous les roues sanglantes de son char !

Je l'ai vu ! Oui, je l'ai vu moi-même, cet histrion, ce chanteur impérial et couronné, indigne même de la gloire d'un histrion et d'un bestiaire. Je l'ai vu rire de vos vertus et de votre courage. Pendant que vous préservez Rome des attaques barbares, pendant que vous montez votre garde aux frontières de Germanie, j'ai vu rire Œnobarbus de vos sacrifices et de vos morts.

> « Pourquoi lui décerner les titres de César et de prince ! ces titres qu'avait mérité le divin Auguste par ses vertus ; le divin Tibère par son génie ; le divin Claude par ses bienfaits ! C'est Œdipe, c'est Oreste qu'il convient d'appeler Œnobarbus, puisque l'infâme se fait gloire de porter des noms d'inceste et de parricide !
>
> « Jadis nos ancêtres, guidés par leur besoin du changement, le goût du pillage et de l'aventure, ont emporté Rome d'assaut ! Cette fois, c'est un motif

plus noble et plus digne qui nous jettera sur les routes du sud ; cette fois dans le plateau de la balance, au lieu de l'épée de Brennus nous jetterons la liberté du monde romain ; cette fois ce ne sera pas le malheur, mais la félicité que nous apporterons aux vaincus ! »

(Dion Cassius)

Vindex était brave. Vindex était noble. Les chefs savaient que les paroles qui sortaient de sa bouche n'étaient point l'expression de l'imposture, du mensonge ou de la vanité.

Des cris immenses, des applaudissements, des acclamations bruyantes, auxquels répondit la hurlée de bronze des boucliers heurtés par le fer des lances, accueillent les discours de Vintex. Chaque chef gaulois tire son épée, la brandit dans un geste de serment, vers le tribun.

— Ave Julius ! Nous savons que tu sauras mourir à la tête des cent mille guerriers que nous t'avons promis. Dans un mois nous serons fidèle au rendez-vous que tu fixeras !

Les masques étaient tombés.

Les fourreaux étaient jetés loin des épées.

Comme aux jours d'Alésia, des sabots de la cavalerie gauloise retentissaient sur la Narbonnaise, la Lyonnaise, l'Aquitaine et la Belgique-basse.

Vindex écrivit immédiatement à Galba.

Et ce fut de Carthage-la-Neuve que les faisceaux des licteurs, resserrés sur les haches, se dressèrent parmi les aigles, face à Rome épouvantée ! Dans l'Espagne tarraconaise Galba avait levé deux légions. Il remonta vers les Pyrénées.

Nous ne décrirons point l'affolement qui s'empara de Néron quand il apprit que les cohortes faisaient cause commune avec les révoltés et que Galba était en Aquitaine (39).

---

39 — Imaginons qu'après les orgies de la guerre ou nées de la guerre, un général français se fut présenté soit à Bordeaux, soit à Paris, devant la Bourse et le Parlement avec un corps d'armée de combattants !

Son entourage de Juifs, de Grecs, de Syriens, d'éphèbes se dispersa dans l'épouvante. Œnobarbus dînait quand la terrible nouvelle du « *redressement national romain* » lui fut apportée. Hors de lui, il déchira la lettre, renversa la table, brisa contre terre deux coupes ouvrées de grand prix où il avait coutume de boire. L'accès de fureur passé, il tomba à terre où il demeura stupide, à demi-mort (Suétone, *Néron*).

Les projets les plus fantasques tourbillonnèrent dans ce cerveau usé par les excès, congestionné par le falerne, vidé par la luxure. Néron parlait de faire tuer les gouverneurs de province, d'égorger tous les Gaulois présents dans Rome, d'empoisonner le Sénat, de mettre le feu à la ville et de lâcher en même temps sur le peuple les bêtes de l'amphithéâtre.

Puis à ces transports d'aliéné succédaient des crises de lâcheté sans nom. Tremblant, hagard, il balbutiait :

— J'irai vers les ennemis, je me montrerai sans armes aux légions révoltées. Je n'aurai qu'à pleurer devant elles ; un prompt repentir me les ramènera ; le lendemain, tous joyeux, nous entonnerons un chant de victoire : je vais le composer sur l'heure (Dion Cassius).

Inconscience des âmes pourries, incapables de comprendre les implacables revanches de l'honneur excédé.

La défense organisée par un pareil fou ne pouvait être que dérisoire ou bouffonne. Les Juifs du palais capables de combattre avaient fui, les chrétiens survivant des massacres se terraient, la garde prétorienne trahissait. Néron fit amener des voitures au théâtre et au palais, les fit charger d'instruments de musique, de lyres, de flûtes, de cymbales, au lieu de machines de guerre. Il cita les tribus urbaines à prêter les serments militaires ! Ruinées, les classes moyennes de Rome que l'usure juive avait dépossédées et les impôts terrassées, ne répondirent pas à l'appel de l'empereur. Les routes de Naples et de Trasimène furent couvertes de déserteurs. Les meilleurs parmi les citoyens organisèrent sourdement la révolte, personne à juste titre, l'empire dut-il crouler, ne voulait mourir pour un pareil maître. Tant il est vrai que le sacrifice, à certaines heures, peut être une faute, voire même une lâcheté. Les flammes, sentant venir la fin, déclarèrent Jupiter peu favorable à César. Tremblantes, les Synagogues fermèrent leurs portes.

Elles gardaient rancune à Néron d'avoir incendié le Ghetto. Elles n'avaient que faire du vaincu, dont elles avaient usé.

Alors Néron fit appel aux esclaves. Il courut les « *villas* », choisit les plus forts et les plus robustes, prit jusqu'aux économes et aux secrétaires. Enfin, il rassembla quatre cents courtisanes, auxquelles il fit couper les cheveux ; il les arma de la hache, du bouclier rond des amazones et les destina à remplacer près de lui la garde césarienne. Appuyé sur les épaules de Sporus et de Phaon l'affranchi juif, il passa en revue ce bataillon de catins monté de Subure et habitué à d'autres assauts...

Tel était le triste état auquel, par la grâce de Poppée, l'influence sournoise des prêtres de Jérusalem, avait rendu César, ancien élève de Sénèque et de Burrhus !

Le moindre choc eut suffi pour jeter bas ce sinistre pantin. Un incident imprévu prolongea de quelques jours sa tyrannie.

... Les chefs gaulois avaient tenu parole. Commandant aux trois peuples les plus illustres de la Gaule : les Séquanes, les Eduens, les Avernes, ils s'étaient réunis autour de Vindex.

Mais la ville de Lyon récemment incendiée et secourue par Néron lui gardait un reconnaissant souvenir (Tacite). Doutant des crimes accomplis par le fauve, elle lui demeura fidèle et appela à son aide les légions de Germanie, commandées par Verginius Rufus. Homme d'action, loyal et brave, respectueux de la loi du Sénat, de la majesté romaine, ne voyant dans Vindex qu'un violateur de l'ordre, il marcha contre lui. Germains, auxiliaires belges et cavaliers bataves, rencontrèrent l'armée gauloise sous Besançon qui tenait pour Galba.

Un héraut sortit des rangs de Vindex, Verginius le reçut. Un quart d'heure plus tard, la garde des deux chefs s'avança entre les deux armées. Une tente fut dressée. Vindex et Verginius entrèrent sous cette tente.

Nul n'assista à cette entrevue. Cependant, d'avis des historiens, Vindex ayant développé le but de sa politique à son adversaire et lui ayant fourni la preuve qu'il agissait pour Galba, Verginius vit dans cette révolution le salut de la patrie. Il s'unit à celui qu'il était venu combattre. Les deux chefs allaient se séparer, prêts à marcher sur Rome d'un commun accord.

Soudain, de grands cris montent de l'aile droite. Une centurie romaine étant sortie de Besançon pour communiquer avec les Gaulois, ces derniers esquissent un mouvement pour la rejoindre. Les légionnaires de Verginius se croient attaqués et marchent contre les cohortes séquanaises.

Les deux chefs se précipitent et supplient leurs soldats de s'arrêter. Leurs prières sont couvertes par les clameurs gauloises ; leurs signes désespérés sont pris pour des ordres de bataille. Un vertige épouvantable s'empare des deux armées et les chefs impuissants assistent à un spectacle atroce. Les soldats sans ordre d'officiers, sans place de combat, poussés par un instinct de mort, soutenus par cette vieille haine raciale de Gaulois à Germains, par ces colères furieuses de vaincus et vainqueurs, tous, conquérants et conquis, se jettent les uns sur les autres comme une multitude de loups

« *Ils se prirent corps à corps comme des lions et des tigres dans une arène.* »

(Tacite)

Hébétés, les deux généraux contemplent le massacre d'où s'élevait, avec la vapeur du sang chaud, un mugissement de bêtes à l'agonie, parfois ils se voilaient la face de leur pourpre prétorienne.

Cet égorgement imbécile et têtu dura deux heures. Les Gaulois avaient perdu 20.000 hommes, les légions germaniques et bataves 17.000. C'était le temps physique qu'il avait fallu pour tuer.

Enfin, les Gaulois se décrochent ; la nuit est venue, les deux armées restent en présence.

Que se passa-t-il exactement ? Nul ne le sait. Vindex expliqua-t-il à ses cohortes le terrible malentendu qui avait engendré la tuerie ?

Le lendemain, sur l'emplacement où Verginius comptait retrouver l'armée gauloise il ne restait plus qu'une tente et sous cette tente le corps de Vindex. Le magnanime soldat s'était tué de désespoir.

Atterré, Verginius restait maître du champ de bataille. Ses légions l'acclamaient et le proclamaient Empereur. Sans ambition il les contint, ferma son camp et attendit les décisions de Rome (Plutarque, Galba.)

Cette décision arriva promptement. Ce ne fut point le Sénat, vautré aux pieds de Néron qui la prit, mais la Garde Prétorienne. L'un de ses préfets, Tigellin, négociant en secret avec Galba ; l'autre, Nymphidius, précipita le dénouement. Ayant persuadé aux légionnaires que Néron s'était enfui, il leur promit au nom de Galba 30.000 sesterces par tête (1.000 francs-or. République, 1914).

La Garde Prétorienne proclama Empereur le patrice d'Espagne. Au soir du 8 juin, cette révolution militaire était accomplie. Les soldats quittaient le Palais.

Néron, réveillé au milieu de la nuit, se voit sans gardes. Il saute de sa couche, envoie par la ville inquiétante et morne quérir quelques amis. Aucun d'eux ne paraît.

Il court dans Rome, frappe de porte en porte, aucune ne s'ouvre. Il trouve au retour sa chambre pillée, la fiole de poison que jadis lui prépara Locuste a disparu.

Néron envoie chercher le gladiateur Spiculus, afin que le mirmillon lui donne la mort. Spiculus refuse.

— Je n'ai donc plus ni amis ni ennemis ! s'écrie, désespéré, celui qui n'aima que ses vices.

Il sort à nouveau, veut se jeter dans le Tibre. Mais sa lâcheté l'arrête. Il rentre dans son palais vide et silencieux (Suétone, 48).

La garde des Amazones à cheveux courts, a rejoint, dans Subura, ses quartiers naturels : Mais quelques « *affranchis* » ne s'étaient pas encore éloignés du Palatin.

Néron hurle comme une bête piégée et se roule sur les dalles débarrassées de leurs tapis attaliques. Trois hommes accourent. Ce sont Spores, Epaphrodite, son secrétaire et Phaon. Celui-ci possède une villa à quatre mille de Rome, entre la Voie Salarienne et la Nomentane. Il offre au misérable de l'y conduire et le hisse à la hâte sur un mauvais cheval.

La nuit protège le groupe. Néron fuit, nu-pieds, à peine vêtu, couvert d'un vieux manteau, la tête enveloppée, pour ne pas être reconnu.

À peine sur la route, de sinistres présages l'assaillent ; un éclair le frappe en plein visage, la terre tremble. « *Il semble, dit l'historien Dion, qu'elle va s'ouvrir et que les âmes de tous ceux qu'il a tués vont se jeter sur lui.* » Il entend, à la porte Nomentane, les cris des Prétoriens rassemblés dans leur camp. Ils le maudissent et acclament Galba.

Vaguement reconnu par quelques passants, Néron peut néanmoins s'éloigner et gagner la Villa de Phaon. Celle-ci est située où se trouve aujourd'hui la Serpentara, derrière le Mont-Sacré. Il s'agit d'y pénétrer sans être vu. La petite troupe descend de cheval et, guidée par Epaphrodite, s'engage dans un sentier couvert de ronces et d'épines. Néron avance à grand'peine, étend son manteau sous ses pieds nus saignants. On parvient derrière la villa. Une fosse à pouzzolane touche à l'enceinte. Les affranchis descendent dans la carrière, creusent un trou sous la muraille, tentent de ménager une entrée secrète.

Phaon, pendant ce travail, presse Néron de se blottir dans la fosse. Il refuse, croit que ses derniers fidèles veulent l'enterrer vif. Cette âme de boue ne peut imaginer que la boue. Comme un animal traqué, il demeure haletant, à plat ventre sous un buisson. La soif l'oblige à quitter son gîte. Il boit, dans sa main de l'eau d'une mare voisine.

— Voilà donc le breuvage de Néron, dit-il.

Des mots à effet, l'Impériale pourriture n'en trouvait pas d'autres, même à cette heure. Nul éveil de conscience, nul regard sur le passé. Il ne restait dans cet être usé par le crime, énervé par Poppée, dépravé par la débauche, qu'une âme de cabotin.

Les Pontifes du Temple pouvaient être fiers de leur entreprise. Jamais depuis ces temps effroyables l'œuvre de décomposition, où excelle Israël, n'a produit pire ravage dans l'esprit et le cœur d'un souverain ou d'un homme d'Etat.

Même en notre République, l'on ne peut comparer les fusillades de la Concorde, l'assassinat minutieux d'un conseiller de justice ou les sanies d'un ministre colonial, aux jupitériennes orgies, aux flambées d'hommes organisées par ce monstre, qui tremblait sous les épines, en attendant qu'un trou de putois lui soit creusé dans un terrier.

... Il est vrai que, par opposition, en la médiocrité même de notre décadence, nous ne possédons pas l'âme de Jullius Vindex. Pourrie par le principe juif de l'argent et de l'intérêt, la France démocratique a perdu le sens de l'héroïsme.

... Revenons à Néron.

Par le trou qu'Epaphrodite et Spores ont pratiqué, la loque impériale se traîne dans un taudis. Il s'étend sur un grabat, frissonne de terreur, sanglote, ne sort de sa stupeur que pour sombrer dans une demi-démence. On l'entend murmurer ces vers d'Œdipe :

> *Ma femme, ma mère, mon père*
> *Prononcent mon arrêt de mort.*

Les fantômes de Poppée enceinte, tuée d'un coup de pied, d'Octavie sa femme, étouffée, d'Agrippine sa mère éventrée, de Claude empoisonné par Agrippine, l'ombre de Britannicus passent peut-être dans la nuit, où perce l'aube verte et rose des matins d'Italie.

Mais les témoins de cette écœurante agonie ont hâte d'en finir. La fuite est impossible. Les Prétoriens gardent les voies, les fils, les frères, des victimes cherchent partout l'assassin détrôné.

— Creusez ma fosse à la mesure de mon corps, demande Néron ! Ornez-là de quelques morceaux de marbre. Apportez de l'eau puis du bois pour les funérailles !

Après chaque ordre donné et docilement exécuté, Néron pleure et ne cesse de répéter cette phrase burlesque :

— Quel artiste le monde va perdre... !

En bon Juif, capable de se tirer des plus mauvaises situations, Phaon était rentré au Palatin et vendait son Maître !

Un message de Phaon parvient sur ces entrefaites. Néron le saisit et le parcourt. Il apprend que le Sénat le déclare ennemi de la patrie et demande qu'il soit puni selon les lois anciennes.

— Quel est ce supplice ? demanda-t-il.

Le coupable répond, Sporus est dépouillé de ses vêtements. Sa tête est serrée dans une fourche, puis il est battu de verges jusqu'à la mort. Son corps est ensuite traîné par un croc et jeté au Tibre.

Cette vision paraît décider Œnobarbus.

Il saisit deux poignards, qu'il porte dans sa ceinture, en essaie la pointe et... les remet dans leur gaine !

L'heure fatale n'est pas encore venue, dit-il. Le lâche se débat contre la mort et Suétone décrit la honteuse scène des dernières minutes.

« *Tantôt il pressait Sporus de se lamenter et de pleurer avec lui : tantôt il demandait que quelqu'un lui donnât, en se tuant, le courage de mourir. Parfois, il se reprochait sa couardise ; il se disait : « Je traîne une vie infâme et misérable » ; et il ajoutait : « Cela ne convient pas à Néron, cela ne lui convient pas ; il faut prendre son parti en de pareils moments, allons, réveille-toi. »*

« *Déjà, sur la route, galopaient les cavaliers qui avaient ordre de le saisir. Quand il les entendit, il prononça en tremblant ce vers de l'Iliade : « Des coursiers frémissants j'entends le pas rapide », et il s'enfonça le fer dans la gorge, aidé par son secrétaire Epaphrodite.* »

Néron, respirait encore, lorsqu'entra le Centurion lancé à sa poursuite. Feignant d'être venu pour le secourir, l'officier voulut étancher le sang et bander la plaie.

Trop tard, murmura le misérable et il ajouta, avec l'inconscience effroyable du Tyran dont les fantaisies les plus perverses ou les plus néfastes ont toujours trouvé des thuriféraires.

— Est-ce là, la foi promise ?

Néron expira prononçant ces mots, les yeux fixes grands ouverts, objet d'horreur et d'effroi pour les légionnaires qui le contemplaient.

La fidélité que Néron, mourant, cherchait en vain autour de lui, il la retrouva dans trois humbles femmes qui ensevelirent son corps dans le monument de Domitien sur la Colline des Jardins.

Deux d'entre elles l'avaient élevé et ne se souvenaient que de la grâce charmante et gentille de ses jeunes années. L'autre, Acté, la délicate et gracile jeune fille de Corinthe, l'avait aimé avant que Poppée-la-Juive ne le dominât.

L'une des dernières erreurs de Néron, conseillé par la Juive, avait été de désigner Gessius Florus à la Procure de Judée. Par lui et par sa femme, Poppée restait en liaison avec le Sanhédrin et le pouvoir sacerdotal. Nous allons voir ce qu'il en advint.

Chapitre VII

RÉVOLTE EN JUDÉE

Gessius Florus, procurateur pour la Palestine, avait transporté sa procure à Césarée(40). Les hauts fonctionnaires ont de tout temps détesté le tumulte ; gouverner dans le calme est le prétexte qu'ils fournissent à leur officiel et serein égoïsme. Ils entendent pouvoir savourer tranquillement les sportules de leurs sinécures.

Le représentant de Rome estimait que dans cette ville mi-grecque, mi-juive, il commanderait avec plus d'autorité. En vérité, le procurateur fuyait devant la force entêtée et sournoise du Temple ; il échappait aux manifestations des Zélotes gannaïtes ; il se dérobait aux jérémiades et aux rancunes d'Israël.

Cette mesure, politique à certains égards, eut pour effet de soustraire Jérusalem à l'influence directe de Rome, puis de lui permettre de se reconstituer telle que l'avaient faite l'orgueil biblique et dix siècles d'isolement au compte du paganisme oriental.

Le fond de la population, gens d'affaires, de négoce, et de petits métiers formaient un parti honnête, laborieux, paisible, semblable au

---

40 — Aujourd'hui, Kaisarié. Anciennement Sébasthe. Césarée fut le siège de deux conciles : le premier en 197 fixa la date de Pâques ; le deuxième en 334 fut un concile arien devant lequel saint Athanase refusa de comparaître.

grouillement des ghettos actuels de Fez ou Casablanca. De toute époque, depuis les victoires de Babylone ou la Captivité d'Egypte, cette foule obséquieuse, timide et rapace a toujours fourni ses troupeaux résignés aux pogromes, dont elle semble garder l'épouvante triste dans le regard.

Très attaché à la foi, par suite redoutant toute agitation qui pouvait mettre en péril le Temple, la Cité et surtout son existence ; persuadé qu'il servirait de bouc émissaire, si légionnaires et Zélotes en venaient aux mains, si Jupiter-César et les Prêtres de Jéhovah se querellaient, le peuple, d'abord, souhaita la paix.

Cet instinct de bête timide rendait la Judée docile, sans toutefois lui inspirer d'estime pour les vainqueurs ni pour les Prêtres qui la gouvernaient. Chez tous, princes du sacerdoce, anciens officiers ou courtisans d'Hérode, c'était la même absence de conviction, de foi et de mœurs. La religion, ici, n'était qu'un prétexte, une habile exploitation des plus sublimes sentiments de l'homme. Elle couvrait les excès des prêtres comme, au Palatin, la grandeur de Rome couvrait les excès de Néron.

Haïs pour leur impiété, pour leur faste et leur morgue insultante, les « *pharisiens* » n'en demeuraient pas moins les maîtres de la cité. Ils se partageaient à la fois les hautes places du pontificat et celles du gouvernement ; s'ils souhaitaient étrangler la puissance de Rome ils bénéficiaient sans vergogne de « *l'ordre* » établi. Les intrigues qu'ils entretenaient et payaient autour du Palatin étaient l'expression même de leur secrète pensée :

> « *Se servir de César, sans servir César. Utiliser les légionnaires à l'asservissement des Juifs.* »

Sous de tels chefs, uniquement soucieux de satisfaire à leurs vices et à leur fortune, il paraissait évident que les bonnes relations avec les Romains seraient conservées à tout prix.

C'était compter sans les impondérables et sans la fierté d'Israël.

Cette servilité même des Pontifes, des classes moyennes et de l'aristocratie juive, devint pour Jérusalem une source constante de troubles et de révoltes.

Au-dessous de cette classe moyenne qui fermait les yeux par calcul, qui craignait pour ses boutiques plus que pour sa vie, le peuple s'agitait.

N'ayant d'autre bien que l'antiquité de sa race, il ouvrait l'oreille à quiconque parlait de la restaurer et d'y joindre, pour lui, quelque part aux biens et aux honneurs.

Dans cette foule mi-sédentaire, mi-nomade et ramifiée aux errants du désert ; parmi la cohue des chameliers ou des porteurs d'eau de la porte Essénienne ; parmi la masse crasseuse et mendiante qui refluait, sans cesse, éternelle et mouvante comme la mer ; du Palais d'Hérode à la Tour d'Hippicus ; des bas-fonds de Bézétha aux ruelles tordues du Tyripœon, les Prophètes, c'est-à-dire les Révolutionnaires pullulaient. Irrités par leur dénuement et par les violences de l'aristocratie templière, les Hébreux tournaient, irrésistiblement à la folie furieuse et collective.

En nos temps contemporains où nous avons pu juger de la malfaisance de tous les régimes, leur jette la première pierre, qui l'ose !

Les uns, fanatiques de bonne foi, estimaient que la Révolte était ordonnée par Dieu et qu'il fallait hâter l'avènement de son règne.

D'autres, moins désintéressés, épiaient tout désordre pour en tirer profit. L'expérience des choses humaines leur enseignait, à travers les vicissitudes d'Israël, que les bouleversements sociaux servent les habiles.

Une tourbe d'aventuriers et de brigands des tribus de Siméon, de Ruben, de Gab et d'Hephraïm, avait fraternisé avec la racaille de Juda. Ils arrivaient de toutes parts, chassés par les centuries romaines ; du désert des Moabites et du pays des Azer.

Ils couraient la Judée, des rives de la Mer Morte à Jérusalem, s'abattaient sur les villages et les récoltes comme des bandes de criquets. Leur nombre devint si redoutable que les magistrats romains durent composer souvent avec eux et les postes isolés renforcer leurs garnisons. La centurie, qui campait aux abords de Jéricho, faillit être enlevée par un chef de « *djich.* »

Ces « *pillards (?)* » n'inspiraient que la terreur et ne pouvaient régner sur Jérusalem. Mais, habilement, ils se mêlaient aux Zélotes sincères. Couverts par le prestige et la piété de ces derniers ils poussaient Jérusalem à la révolte.

C'est de cette époque trouble que date une expression fameuse qui, depuis, a fait du chemin.

« *La Liberté est le premier des biens !* »

— Qu'importe la richesse, qu'importe la vie même, si l'on ne peut en disposer librement, proclamaient les Zélotes, il faut imposer la liberté, même par la force à ceux qui préfèrent servir (Josèphe, *Les guerres des Juifs*, II, XVIII, 6).

Des attentats secrets, parfois même publics, appuyaient ces théories... individualistes. Un archonte fut découvert broyé, sur les rochers de Jesaphat, sous la Porte des Brebis. Un groupe de trafiquants syriens disparut sans laisser de traces. Sur toute la surface de la Judée l'on ne comptait plus le nombre des sentinelles romaines et des décurions assassinés... Naturellement, le Ciel s'en mêla.

Il ne pouvait en être autrement chez un peuple que se donne Adam et Noé comme « *aïeux.* »

On ne parlait, dans les caravansérails, dans les fondouks, dans les cours fermées des maisons basses, sous les tentes et les gourbis de la multitude qui campait autour de la ville, on ne parlait que de signes mystérieux qui montaient de l'horizon d'Oph.

— Signe de délivrance et de liberté prochaines, déclaraient les Zélotes.

Telle fut la célébrité de ces prodiges qu'elle parvint jusqu'à Rome. Il est vrai que « *les Juifs de la Dispersion* » activaient la propagande en faveur d'Israël et qu'il fallait réchauffer l'enthousiasme ou la foi des riches notables de la Cité. « *Les temps sont proches ! le Temple peut avoir besoin d'un trésor de guerre !* » proclamaient les Prêtres, pour qui toute occasion est excellente de faire vivre le Tabernacle.

Quoi de plus propice à la réussite... d'un emprunt qu'une intervention divine ? Tacite et Josèphe décrivent ces prodiges.

> « *Durant une année entière une comète, à forme d'épée demeura suspendue sur la ville. Brusquement, en 65, les phénomènes se multiplièrent. Aux fêtes de Pâques, vers trois heures de la seconde veille, une lueur soudaine éclaira le Mont Moriah, si éclatante que le peuple, assemblé par la Fête des azymes, vit, pendant une demi-heure, le Temple et l'autel éclairés comme en plein jour.* »

> « *Un autre événement combla de stupeur les foules fanatisées par ces solennités religieuses. Les portes d'airain du Temple, si pesantes qu'il fallait vingt hommes robustes pour les mouvoir, s'ouvrirent d'elles-mêmes. On eut grand peine à les refermer...* »

Quelques jours plus tard, Jehovah offrit à « *son* » peuple une supervision à grand spectacle : le Ciel tout entier, quelques minutes avant l'aube, s'emplit de bruits et de tableaux guerriers. On vit rouler des chars sur les nuages, passer des cavaliers sur des chevaux cabrés, épées brandies, lances aux poings ; des armées se heurtèrent ; des villes ceintes de tranchées, des tours couronnées de défenseurs, se découpèrent carrément sur les incendies célestes !

Les présages de Pentecôte furent terribles.

C'était le soir, l'heure à laquelle les chrétiens timides s'assemblaient pour la Cène. Chacun louant Dieu prenait sa nourriture avec joie et simplicité au cœur, l'union à Jésus dans la communion !...

Les prêtres entraient de nuit dans le Temple pour accomplir leur ministère ; soudain, ils entendirent des bruits de pas précipités, de courses folles hurlées dans la nuit, toute une multitude semblait fuir sous le feu de Gomorrhe, et criait :

— Sortons d'ici ! Sortons d'ici !

Les Zélotes, en cette nuit de terreur sacrée, avaient-ils machiné cette scène ? Ce « *Sortons d'ici* », signifiait-il : « *Fuyons les Pontifes qui partagent avec les Proconsuls les rapines de la Tyrannie ?* »

Signifiait-il ? : « *Quittons Jérusalem marquée par la colère de Dieu.* »

Que pouvait opposer Rome à la révolte grondante, fomentée, à la fois derrière les murailles de la ville, sous les tentes des nomades, dans tous les villages de la Palestine ? Florus, réfugié à Césarée était-il capable de tenir tête à la colère sainte des Juifs déchaînés.

Comme par hasard il était le pire des gouverneurs sur lesquels Rome eut jamais porté son choix. Coïncidence troublante, la femme de Florus était l'amie toute intime de Poppée. Tout laisse donc supposer que ce procurateur vénal devait sa nomination aux Synagogues de Rome et au Sanhédrin de Jérusalem. Ainsi l'un pouvait sanctionner les exactions de l'autre, et réciproquement. Du Temple à la Procure l'on pouvait sans crainte plumer jusqu'à chair vive le poulet juif. C'est ce qu'on appelle, encore aujourd'hui, savoir gouverner les hommes.

Florus, en Palestine, n'apporta que le souci de faire large et prompte fortune. C'est un souci que partageaient allégrement la plupart des gouverneurs romains d'Orient (Josèphe, XX, 11-1).

Celui-ci dépassa les bornes permises à la cupidité humaine. Il est vrai que les fantaisies de Poppée coûtaient cher et le Trésor du Temple eut à peine suffi à payer ses troupeaux d'ânesses et ses baignoires de porphyre.

Le crédit dont Florus jouissait à la cour impériale lui assurait l'impunité. Il en usa au point de faire regretter son prédécesseur Albinus. Celui-ci avait montré quelque retenue dans le gangstérisme administratif, dans ce que nous appellerons synthèse du parasitisme : la concussion, la prévarication, le pillage légal du contribuable.

Florus ne mit aucun frein à sa frénésie de richesses. Sa femme qui, par ses amitiés, avait de qui tenir, l'excitait encore à mettre la Judée à sac. Il dévalisa, de toute main, cités et citoyens, avec une telle méthode, avec une telle âpreté, qu'il fit le vide dans la région. Les villages, des villes mêmes, furent désertées : la Palestine se couvrit d'errants et Jérusalem recueillit des milliers d'exaspérés. L'armée de l'émeute se trouva renforcée et les Zélotes ravitaillèrent, autant que possible, ces furieux qui, la faim aux dents, le fanatisme dans la peau, allaient passer à l'égorgement des centuries romaines et des Prêtres.

La Pâque trouva tous les Juifs à Jérusalem. Plus de trois millions d'hommes campaient sur le Mont des Oliviers, sur le Mont de l'Offense et sur le Mont du Mauvais Conseil. Cestius Gallus, vice-roi de Syrie, sous les ordres duquel était placé Florus, vint assister à ces solennités. Quand il parut devant le Temple, ce fut, s'élevant du parvis des Gentils de la Cour des Israélites et de la Cour des Femmes, un tumulte de vociférations, de menaces et d'injures.

— Florus est la peste de la Judée !
— Florus d'accord avec le Grand-Prêtre ruine Jérusalem.
— Florus est la lèpre de Sion !

Debout, aux côtés du délégué de Rome, Florus souriait de ces colères qu'il savait impuissantes. L'or, ramassé sur l'échine meurtrie d'Israël, ne prenait-il pas les galères qui cinglaient vers ces hauteurs palatines où régnait Poppée ? Cestius Gallus, ahuri par le vacarme, surpris par l'explosion farouche de tant de haine et de souffrances, s'en tint, comme tout haut-fonctionnaire devant un favori de favorite, à de vagues promesses. Il déguerpit, laissant les Hébreux, le Temple et Florus se disputer à leur guise et se débrouiller ensemble.

Le sort de la malheureuse Judée s'avéra lamentable. Les quelques Juifs qu'une ultime naïveté poussait à croire en l'esprit de justice possible d'un préfet ou d'un procurateur suprême, perdirent tout espoir.

Il semble que le Grand-Prêtre Mathias (41) et Florus montèrent alors l'une de ces comédies dont nos temps contemporains ont l'accoutumée, quand il s'agit, entre gouvernants, de ruiner les gouvernés. Sur ce point, Tacite et Josèphe ne sont pas d'accord. Le premier prétend que le procurateur et les prêtres s'entendaient comme tiremailles et coquins, pour dindonner le peuple juif ; Josèphe soutient que, grisé par le pouvoir, Florus dépassa tout simplement les bornes de la prudence. Il ordonna de prélever dix-sept talents (102.000 fr.-or) sur le Trésor inviolable et sacré du Temple : trésor où s'accumulait, comme nous l'avons dit, le tribut payé par les Juifs de « *La Dispersion.* » La modicité de la somme laisserait supposer que Mathias et Florus s'étaient concertés. Il convenait, en effet, aux Prêtres de jouer les spoliés et les « *martyrs* » aux yeux des Zélotes et de la population. D'autre part, le Sacerdoce « *tenait* » Florus par Poppée et savait qu'un Proconsul vénal n'est jamais très redoutable. L'essentiel est de connaître le prix… de sa vertu !

Ensuite, il est politique de le conserver.

Habilement prévenue, sournoisement avertie par le Saint des Saints (Tabernacle du Temple), Jérusalem s'émut de ce sacrilège.

Cent mille clameurs s'élevèrent des ruelles et des places jusqu'aux tours de l'Antonia.

— Florus veut s'emparer du Trésor Sacré !

Naturellement, les plus misérables d'entre les Juifs furent les premiers qui coururent défendre le Trésor de Dieu, les plus furieux furent ceux-là même que Rome et le Temple affamaient et spoliaient, au nom de Jupiter et au nom de Jehovah.

---

41 — Mathias, fils de Théophile. Tout ce que l'on sait de lui, c'est qu'il fut le dernier pontife régulièrement nommé.

Ironiques, une corbeille à la main, des Zélotes et des Lévites (Clercs ecclésiastiques) quêtaient pour le représentant de César.

Jérusalem était secouée par le rire et par la colère.

Renseigné par ses espions, Florus, aux écoutes, attendait l'occasion de forcer la ville, insolente et belliqueuse.

À la tête d'une légion il pénétra dans la cité par la porte de Jaffa et somma le Grand-Prêtre de lui livrer les insulteurs. Mathias s'efforça d'obtenir l'indulgence du procurateur pour des propos et des gestes inconsidérés. Le Sanhédrin allégua la difficulté de découvrir les coupables. Toutes les supplications furent impuissantes, en cette comédie bien jouée.

...Les buccines romaines sonnèrent à l'attaque et au pillage. Le massacre et la confusion furent effroyables. Hommes, femmes, enfants se pressaient dans les rues étroites. Les charges de la cavalerie romaine écrasèrent, broyèrent cette foule surprise. 3.600 personnes périrent. Quelques Juifs qui se prévalaient du titre de citoyens romains furent arrêtés, amenés au prétoire et sommairement interrogés : Florus les fit fouetter et, à l'encontre de la loi, les fit mettre en croix. Le soir même, une patrouille de légionnaires était surprise dans le ravin du Cédron et exterminée par les Zélotes esséniens.

Agrippa, dont le palais, dit des Asmonéens, s'élevait sur les hauteurs de Sion, avait quitté son gouvernement d'Egypte. Accompagné de sa sœur Bérénice (Princesse Juive de la famille d'Hérode), il venait d'entrer à Jérusalem. Bérénice expédie message sur message au procurateur, le conjure d'arrêter le massacre ; elle se précipite pieds nus, cheveux flottants à son tribunal. Florus, ne veut rien entendre, ni rien écouter. La majesté de Rome, insultée, couvre ses actes et ces sortes de « *majestés* » ont, de tous siècles, servis de trop excellents prétextes. Sous les yeux de Bérénice horrifiée, les prisonniers sont battus de verges, égorgés ou crucifiés. Raillée, menacée par la soldatesque, la sœur d'Agrippa n'eut qu'à se dérober en toute hâte, protégée dans sa retraite par quelques Zélotes qui se firent hacher pour elle, avec un héroïsme de spartiates.

Le lendemain, Jérusalem s'éveilla dans la stupeur. Le sang figé ne coulait plus dans les rigoles mais il éclaboussait les murs du Temple. Lance au poing, bras croisés, les soldats de Florus, riaient aux portes de l'Acra...

Cédant aux prières de Mathias, le peuple se contient. Mais cette morne résolution ne convient pas à Florus. Aux dires de Josèphe, le procurateur veut sa révolte, son but réel est d'enlever le trésor. Afin d'éloigner la population du Temple, il lui ordonne de courir au-devant de deux cohortes qui arrivent de Syrie et vont pénétrer dans la ville.

La foule perce la ruse, devient houleuse et menaçante. Prêtres et lévites se jettent au milieu de cette masse exaspérée, les vêtements en lambeaux, les cendres sur la tête. Ils portent les vases sacrés et les montrent en péril de sacrilège, si le peuple résiste.

Une fois encore, les Juifs se résignent et vont recevoir avec les palmes et les acclamations habituelles les gardes syriennes et « *idolâtres* » que Rome leur impose (Josèphe, II, ch. XV, 2, 6).

Avec toute la pompe guerrière de l'époque les cohortes se présentent à la Porte de Jaffa. La foule acclame les soldats. Ceux-ci répondent par d'humiliantes injures et d'outrageants propos. Un légionnaire exhibe phallus et testicules.

... Cette fois, la mesure est comble. Un hurlement de rage monte de la multitude et les imprécations, auxquelles sont mêlés les noms de Rome et de Florus, tombent des remparts et des terrasses.

Les cohortes semblaient n'attendre que ce prétexte. Elles se précipitent sur les Juifs, les refoulent à coups d'épée et de bois de lance, écrasent tout ce qui roule sous les pieds des chevaux, et sanglants, accrochés l'un à l'autre, hébreux et légionnaires roulent dans un corps à corps tragique jusqu'à la piscine d'Eséchias. La ville est forcée. Le sang coule.

À travers le faubourg de Bézétha les nouvelles troupes poussent vers l'Antonia qui constitue le bastion d'angle du Temple. De son côté Florus ramasse toutes ses centuries et se porte vers le même point.

— Nul doute à cette conjonction de mouvements que le Trésor ne soit visé ! Tous les Juifs foncent à sa défense.

De Sion, de l'Acra, d'Ophel ils ruent armés vaille que vaille de bâtons, de houes, de marteaux de forgerons, de haches de charpentiers. Montés sur le toit des maisons, ils criblent de pierres, de javelots et d'huile bouillante les soldats. À chaque minute la défense se précise et s'organise au sein de la ville furieuse. Un essaim de frelons enveloppe les cohortes cuirassées, massives et inquiètes. Des légionnaires tombent, écrasés par les rocs ; la galerie par laquelle les Romains, maîtres de l'Antonia, peuvent s'introduire dans le sanctuaire est jetée bas, obstruée. Derrière la barricade, les Zélotes montent une garde farouche et déterminée. Au palais d'Agrippa, le pont de l'Ophei est gardé et la chaussée du Xystus se hérisse de lances.

Florus sent qu'il a sous-estimé ce peuple. Il arrête ses troupes. Le combat cesse. Maîtresse de l'enceinte d'Agrippa d'où elle a délogé les sentinelles romaines, sur les terrasses, sur les remparts, frémissante, la foule attend... Et le Procurateur, vaincu, se retire, rejoint Césarée, ne laissant qu'une cohorte dans la ville ulcérée.

... Jérusalem s'apprêtait à mourir !

L'autorité du Temple avait baissé, avec l'autorité de Florus. Le nom de Mathias ne pouvait plus être respecté. Les Zélotes, qui criaient victoire devant la retraite des Romains, étaient les maîtres réels de la Cité. Un dernier espoir restait aux « *modérés* » : Agrippa !

Le lendemain, quelques heures avant le crépuscule, Agrippa réunit le peuple sur le Xyste (la plus grande place de Jérusalem). D'une voix calme, convaincante, il représente à tous la folie d'entrer en lutte avec une puissance qui tient le monde sous ses pieds et peut amener cent mille soldats sous les murs de Jérusalem en quelques jours. Mathias et les prêtres du Sacerdoce, amis de la paix, comme il convient, le secondent des pauvres restes de leur crédit. Bérénice enfin, joint sa grâce et ses prières aux conseils de son frère. Elle apparaît de blanc vêtue, portant le voile des femmes d'Israël, sur la terrasse du Palais qui domine le Xyste. Elle supplie les mains jointes, par ses paroles, par ses larmes, plus que tout persuasives ; elle sait que le peuple l'aime, qu'il aime Bérénice, princesse de son sang, en qui revit tout ce qui l'a charmé dans Marianne l'Asmonéenne, martyre.

La foule applaudit. Les Zélotes eux-mêmes faiblissent. L'accord semble se faire. Déjà l'on fraternise avec la cohorte syrienne.

Mais Agrippa eut, alors, l'imprudence de vouloir consolider ce succès. Il reprend la parole et demande qu'on se soumette à Florus, en attendant le nouveau Procurateur désigné par Rome.

Au nom de Florus, la rage des Juifs s'exaspère. Ce nom abhorré signifie massacre et tyrannie. On pleure dans les maisons, de la haute et de la basse ville, sur 4 ou 5.000 cadavres d'hommes, de femmes et d'enfants ! Les huées, les reproches, les injures montent vers le prince, une grêle de pierres s'abat sur les prêtres et quelques flèches sifflent...

Alors Agrippa, découragé, quitta le Xyste et, suivi de Bérénice se retira en Batanée... L'aristocratie et les prêtres se préparèrent à trahir le peuple d'Israël.

Jérusalem avait reconnu qu'il vaut mieux mourir en tuant que de supporter plus longtemps les excès fiscaux et les sévices humiliants des tyrannies. C'est un exemple qu'elle donna au monde.

Les Zélotes, que Tacite représente comme des fanatiques excités, et Josèphe, comme des héros, s'emparent en fait du pouvoir. Toutes les forges chauffent ; sur les enclumes les marteaux frappent des fers de lance et de javelots. Les arcs de bois dur sont tendus de cordes neuves et des machines de siège surgissent des souterrains, tels des monstres troglodytes. La cohorte syrienne s'est retranchée dans l'Antonia et les cavaliers d'Agrippa tiennent le Palais de leur maître. Ainsi, pontifes, prêtres et pharisiens se trouvent protégés dans le Temple. Ainsi l'aristocratie sacerdotale pouvait encore en imposer au peuple. Son chef, l'ancien Grand-Prêtre Ananie, était capable de mater la sédition ou, tout au moins, de la tenir en bride, puis de se prévaloir ensuite, auprès de Florus, d'avoir sauvé le prestige romain.

Deux événements rendirent toute conciliation impossible. Le fils d'Ananie, Eléazar était capitaine du Temple. Cette haute situation lui donnait autorité entière sur les lévites. Or, ces clercs, ces ministres inférieurs haïssaient leurs chefs et les méprisaient en raison de leur morgue et de leurs exactions.

Tout novateur, qui promettait d'améliorer leur sort et de leur rendre leur dignité, était certain d'être écouté et d'en être suivi. Eléazar sut les gagner à sa cause.

Journellement, les pontifes offraient un sacrifice pour l'Empereur. Depuis les siècles, la coutume était établie de recevoir les dons que les rois ou les princes étrangers faisaient au Temple (Aboth, III, 2 : Baruch, I, 40).

Eléazar persuada aux lévites de proscrire cet usage et de décréter, qu'à l'avenir, aucune victime expiatoire, aucune offrande ne serait acceptée, venant des Gentils et des Païens. Sur l'autel de Jéhovah tout devait être sacrifié par les Juifs et uniquement pour les Juifs.

C'était injurier aux Dieux de Rome et briser avec César. Cette injure devait paraître d'autant plus sensible à la Maîtresse du Monde, qu'elle affectait la tolérance absolue et participait partout aux cultes et cérémonies cultuelles des nations soumises.

Pontifes et Sanhédrites comprirent où pouvait mener une pareille audace. Ils s'opposèrent aux desseins d'Eléazar. Dans l'entourage d'Ananie et de Mathias l'on tenait fort à conserver les « *Bénéfices* » du Temple, et très peu à finir sur la croix des martyrs. Ces risques professionnels ne s'entendaient qu'au temps des prophètes de la Genèse.

> *« A diverses reprises, les chefs du sacerdoce haranguèrent le peuple, lui représentant que rejeter les offrandes de l'Empereur était le déclarer, lui et tout le monde romain, indigne de s'unir à la prière d'Israël et, par là même, courir le risque de terribles représailles. Les plus fameux docteurs s'employèrent de leur côté à établir, textes en mains que, de temps immémorial, on avait reçu dans le Temple les sacrifices des étrangers, et que cette pratique, loin d'être sacrilège, constituait le plus éclatant hommage au seul vrai Dieu. Rien n'eut prise sur les lévites, dominés par Eléazar, et ils s'obstinèrent à refuser le sacrifice pour l'Empereur. »*

(Josèphe, II. ch. XVII, 3).

Entre temps, les Zélotes avaient accompli un acte de révolte ouverte.

À deux journées de marche, sur la mer Morte, au sud, face à l'endroit où le grand lac se rétrécit, mais où s'exhausse la falaise, se dressait inexpugnable, la forteresse de Massada (42).

Par une nuit sombre et étoilée, cinq cents Zélotes, montés sur des chevaux rapides, foncent en direction de Bethléem et d'Engaddi. Ils atteignent Masada avant l'aube. Les sentinelles, sans méfiance, ignorantes des événements de Jérusalem, laissent approcher les assaillants ; ceux-ci les égorgent, escaladent les remparts, passent la petite garnison au fil de

---

42 — Aujourd'hui Sebbeth. Au temps des Machabées le Grand Prêtre Jonathan avait fait construire cette forteresse sur le roc qui domine et commande la mer. Hérode-le-Grand en avait accru la puissance.

l'épée et installent un poste juif dans la place... Ce ne fut qu'en l'an 73, que les Romains, après un siège en règle purent reconquérir la forteresse. Les traces des travaux entrepris par les légionnaires subsistent encore et démontrent l'entêtement héroïque que les Zélotes apportèrent dans la résistance. Quand les légionnaires de Titus pénétrèrent dans Massada, ils ne trouvèrent que des agonisants. Ceux que les instruments de siège avaient épargnés, moururent de soif et de faim.

... Dans Jérusalem, chaque parti dénombrait ses forces. Le Temple, l'aristocratie et la juiverie opulente, enrichie de tous les négoces, sentaient que le pouvoir leur échappait. Si la sacerdoce entendait tenir la puissance de Rome en lisière il n'admettait pas que les « Zélateurs » le remplaçassent dans la garde ou plutôt dans l'exploitation du Trésor. Il fit appel à Florus et pressentit Agrippa.

Le Procurateur ne répondit point au messager du Temple. Il estimait sans doute que la cohorte établie dans l'Antonya suffirait à assurer le respect des Aigles romaines, parmi ce chaos juif de prêtres et de populace se dévorant entre eux.

Agrippa, par contre, s'empressa d'envoyer trois mille cavaliers qui se massèrent dans la partie supérieure de Jérusalem.

Pendant quatre jours chacun s'observa. L'on se tâtait de patrouilles à patrouilles ; l'on s'assassinait sournoisement et se guettait à l'écart des ruelles et des places. Brusquement, le 14 août, à l'aube, les Zélotes déclenchèrent l'attaque. Elle fut foudroyante, irrésistible. Il semblait qu'une marée humaine montait à l'assaut de Sion. En quelques minutes, le Xystus fut balayé et l'Acra, recouvert de cinquante mille hommes lancés sur l'Antonya. La ville haute fut emportée, les notables et les prêtres, surpris, défenestrés, égorgés, dépecés. La maison d'Ananie flambait devant les huées et les rires sauvages d'une foule qui vengeait ses humiliations et son esclavage ; la partie inférieure du palais d'Agrippa brûlait également et les hautes flammes, dépassant les sommets, appelaient à la rescousse tous les outlaw d'Israël, réfugiés sur les Monts de Juda.

Mais, chez les Juifs, le sens pratique ne perd jamais ses droits. La note tragi-comique, dans cette « *révolution* », devait être fournie par un appelé Simon, corroyeur émérite, promu subitement chef de cohorte par le populaire. Il jeta ses bandes d'enragés sur le palais des archives, des titres de créance et d'hypothèques. Au bout d'une heure, toute cette paperasserie usuraire, se consumait dans un immense feu de joie ! Du coup, le peuple fut affranchi et tous les débiteurs de la prêtraille dissolue ou des prêteurs à l'usure, accoururent dans les rangs de l'émeute. Au fond, c'était bien jouer !

« *L'ordre* » ne put tenir contre cette nouvelle masse d'assaillants. « *L'ordre* », une fois de plus au cours des siècles, allait passer au camp du… « *Désordre.* » La déroute des défenseurs de la Religion, de la Richesse, du « *Conformisme* » fut absolue.

Cavaliers du Prince, soldats romains, pontifes, notables, attaqués par les soldats d'Eléazar, bousculés, traqués, par les meutes humaines que conduisaient les lévites, n'eurent que le temps de se précipiter dans la partie haute du Palais d'Agrippa.

Les vainqueurs « *fixèrent* » l'adversaire, et le lendemain 15 août se joignirent aux troupes qui bloquaient l'Antonya. L'assaut fut immédiatement donné et durement reçu. Les vieux soldats de Rome firent un carnage méthodique, lent et sûr, de ces fous-furieux qui, des ongles, en d'innombrables échelles d'hommes, s'accrochaient aux remparts, atteignaient aux sommets des murailles, et retombaient égorgés régulièrement par les épées courtes, aux fossés des Gentils. Vingt fois ils furent repoussés, vingt fois ils revinrent au combat et, finalement, épuisés après deux jours d'une lutte titanesque, la cohorte s'effondra submergée par cinquante mille enragés. Tous les défenseurs furent massacrés.

Le 17 août, Jérusalem galopait à nouveau vers le palais d'Agrippa où les plus importantes des proies avaient trouvé bouges et cavernes. Cette fois, l'enceinte trouva devant elle une résistance savante. Pendant deux jours, les 3.000 cavaliers du Prince avaient eu le temps d'organiser des retranchements, de masser des blocs sur les terrasses et de préparer la poix et l'huile bouillante.

Les Zélotes ordonnèrent le blocus.

Le 18, un renfort imprévu parvint aux révoltés. Ce renfort leur fournit même un général.

Judas-le-Galiléen qui, soixante ans plus tôt, avait jeté le gant aux centuries romaines, avait payé de sa vie et de celle de ses fils aînés, cette tentative d'indépendance. Il laissait un enfant mâle, Manahem, célèbre, du désert des Moabites au Mont de Juda, par la guérilla implacable qu'il avait entreprise contre les « Païens. »

Manahem déboucha soudain de la vallée d'Hinnom à la tête de quinze mille aventuriers ramassés de Masada à Hébron. Immédiatement le vieux soldat prit le commandement des troupes insurgées, ordonna, disciplina leur héroïsme et leur irrésistible mordant. Rien ne put tenir devant une telle ruée. Contenus par une grêle de flèches pendant que Zélotes et lévites se jetaient à l'assaut du haut palais, les assiégés capitulèrent.

Les cavaliers d'Agrippa eurent congé de partir avec « *les honneurs de la guerre* » et la foule les acclama jusqu'à la sortie de Sion. Quant aux Romains, ils étaient trop affaiblis pour s'ouvrir un passage de vive force. Ils reculèrent en bon ordre vers les tours d'Hippicus, de Phasaël et de Mariamne, conduits par Metilius, chef de la cohorte.

Ananie avait disparu.

Durant la soirée et la nuit du 19, Zélotes et lévites le cherchèrent. Il fut découvert, au matin, sous un aqueduc du Tyrophéon. On l'égorgea sans procès, séance tenante (Josèphe, *La Judée antique*, XVIII.).

> « *L'arrogant pontife, qui avait si longtemps pressuré prêtres et lévites, n'avait ni pitié, ni défense à espérer ; saint Paul, souffleté par son ordre, le lui avait prédit : A son tour, la main de Dieu le frappait.* »
>
> (Actes des Apôtres, XXIII).

Si juste que fut la fin de cette vie odieuse, elle ne laissa point d'émouvoir Eléazar. La populace ameutée par les fils d'Ananie se jeta sur Manahem, le tua et déchiqueta le cadavre de celui qui se proclamait déjà roi de Jérusalem. Sa troupe, suivie de nombreux Zélotes, reprit le chemin de Masada. Elle avait comme objectif les forteresses de la mer Morte.

Restaient les débris de la cohorte enfermée dans les tours du palais d'Hérode. Eléazar entreprit de les réduire. Pendant trois jours et trois nuits les Romains résistèrent. De guerre lasse, exténués de fatigue et de veille, ils se rendirent sous promesse de vie sauve. Mais, à peine eurent-ils livré leurs aigles et leurs armes qu'Eléazar les fit massacrer par la foule avide de meurtre et de sang... Seul Metilius, chef des six centuries, obtint vie sauve.., au prix d'une bassesse : la circoncision publique — Hilare, le peuple couvrit de brocarts que l'on devine, l'orgueil romain.

Pour Rome, Jérusalem était perdue. Les nouvelles les plus alarmantes parvenaient à Florius et à Gallus : Jéricho avait chassé sa garnison syrienne, Engaddi, Sodome, tous les points fortifiés de la mer Morte, de l'embouchure du Jourdain à l'Idumée étaient au pouvoir des Zélotes.

L'insurrection maîtresse de la Judée organisait avec fièvre une résistance formidable. Le peuple juif, sans guide, sans conseil, dégoûté des guides et des conseils qui le bafouaient et le spoliaient depuis Hérode, était prêt à s'ensevelir sous les ruines du temple (43).

---

43 — L'aristocratie et la haute bourgeoisie offraient à Jérusalem le spectacle hideux et ridicule qu'elles offraient à Rome et qu'elles offrent dans toutes les nations corrompues. On se serait cru revenu au temps qui précédèrent la Captivité de Babylone et stigmatises par Isaïe. — Âpre au gain, ardente au plaisir, elle dansait au son de la harpe et des lyres pendant que les terribles bandes syriennes traversaient les forêts d'Aram.
Le vin d'Hebron ou d'Engueddi coulait à coupes pleines sur l'orgie qui « *changeait les ténèbres en lumières et les lumières en ténèbres.* » Un scepticisme railleur s'était glissé dans cette société de prêtres, de riches et d'aristocrates : l'on n'y mettait sur la même ligne, le bien et le mal. Coupe en main, sourire aux lèvres, les « *Grands* » de Ierouschalaim constataient l'indifférence absolue des choses.
En même temps le peuple était foulé. Là où règne l'aimable scepticisme des déchus, masque d'égoïsme implacable et féroce, l'on cherche en vain quelque sentiment de justice ou de générosité. Cette fausse culture de l'esprit semble faire passer celui qui la possède dans une sphère qu'il imagine supérieure. Prêts néanmoins à étouffer dans le sang et les fumées des supplices, toute velléité de la plèbe « *méprisable et grossière* », il semble que les Dieux les aient comblés d'une douceur très méritoire : la douceur de supporter sans se plaindre tous les malheurs d'autrui. Contrairement à la Loi mosaïque, les Maîtres d'Iehouda traitaient durement le peuple, faisaient disparaître les petits patrimoines, « *ajoutaient à leur champ et à leur maison, le champ et la maison du pauvre.* »
Ils suivirent les pratiques des adorateurs de Baal qui assaisonnaient la volupté d'un certain mysticisme, propre à la faire rechercher des gens « *délicats* » (si toutefois les cochons peuvent l'être). Ils s'attachaient par des amours folles aux adolescents étrangers.

C'était en mai 66 que Florus avait abandonné Jérusalem ; le 17 eloul (septembre), les Romains étaient obligés de quitter la province de Juda. La révolte, aux galops des chevaux, avait conquis le vieux pays juif.

Florus et Cassius Gallus, qui répondaient de toute la Palestine, ne comprirent rien à la situation. Ils imaginaient Jérusalem divisée, incapable d'un sursaut. Ils ne croyaient pas que l'émeute put sortir de l'enceinte. Eternelle erreur du tyran de Syracuse et de toutes les tyrannies, même républicaines : elles s'abusent au spectacle des vénalités et des flatteries qui les entourent ; elles se saoulent de leur orgueil et de leurs propres excès.

Les filles de Sion entrèrent aussi dans la ronde voluptueuse et ce ne furent pas celles-ci que l'on vit avec les Zélotes se précipiter, sica au poing sur les aggères de Titus. Pour rivaliser avec les courtisanes phéniciennes, elles prirent les attitudes et les ornements des prostituées ; elles se « *modernisèrent* » On les rencontrait, orgueilleuses, tête haute, clignant des yeux, marchant à petits pas, comme si quelque pucelage les entravait et faisant crier leurs sandales. Partout, sur leur corps, brillaient les joyaux et les parures rares à leurs pieds, des boucles, à leur front) des pierres précieuses et des diadèmes. Des pendentifs égyptiens ornaient leurs oreilles, les chaînettes leurs bras et leurs chevilles. Tous les jolis objets qui servaient à la fois d'ornements ou d'amulettes porte-bonheur, aux femmes d'Egypte, de Phénicie, d'Athènes ou de Rome, les filles de Sion, en étaient chargées. Elles portaient les petites lunes, symboles d'Aschthoreth. Des miroirs de bronze à riches poignées, des petites boites de parfum d'un travail exquis ; des étuis à rouge et à collyre, les aidaient dans le mystère de leurs palais à se rajeunir et à égaler les hautes putains étrangères.
Ce luxe n'enrichit pas le peuple. Artistes et artisans sont exclus, du profit qui ne va qu'aux intermédiaires : en l'espace la haute bourgeoisie de Jérusalem.
Contre toute cette aristocratie, avide d'argent et de jouissances sensuelles, défaillante devant Rome, s'élevaient les « *rabis* », les sages réfugiés dans l'étude de la Thora, comme le bon Jean ben Zeakkaï. Leurs conseils étaient impuissants, reçus par des quolibets ou par ces sourires condescendants que les sots concèdent à la vertu éclairée. Dès lors on conçoit la fureur des Zélotes, les malédictions des Esséniens, la rage mortelle qui s'empara du peuple d'Israël quand, par surcroît, il se vit trahi, par ses grands Juifs, par son aristocratie et par ses Prêtres !

Le soulèvement de la Judée stupéfia Gallus ; la mort de ses bons amis les Pontifes mit en rage Florus.

À Césarée, plus qu'ailleurs en Palestine, la situation des israélites était lamentable. À peine formaient-ils la moitié de la population. Le reste, Syriens, Grecs, Byzantins, soutenait Rome et détestait Israël. Florus exploita cette haine. Quand un courrier, échappé au massacre apporta la nouvelle de l'émeute, lorsqu'on sut les Romains chassés de Jérusalem, Florus déchaîna ses légionnaires et la population païenne sur le ghetto. En une heure, 22.000 Juifs furent massacrés ; et Florus fit saisir puis envoyer sur les galères ce qui avait échappé au pogrom. Hommes, femmes, vieillards, enfants, tout disparut par le meurtre, l'exil ou le bagne. Césarée ne comptait plus un seul Juif. Quand Jérusalem apprit ce carnage, elle se crut menacée d'extermination. Elle alerta la Judée entière. Des bandes armées s'organisèrent, cherchant refuge au désert et dans la montagne, ou s'assemblant pour des coups de mains rapides sur des signes ou des appels mystérieux. Un jour, Florus ne dut qu'à la rapidité de son cheval et au solide héroïsme de son escorte, de pouvoir échapper à l'une de ces bandes d'enfants perdus. Villes et villages syriens retentirent du remugle des égorgements et des tueries. Philadelphie, Pella, Gerase, Heselon, furent ravagées, le haut Jourdain, la Gaulanitide et la Décapole(44) eurent le même sort. Une rage de meurtre semblait posséder Israël.

Les hordes d'insurgés couraient du nord au midi, de la montagne au désert, sans rien de concerté, sans plans établis, selon le souffle de vengeance et de haine qui les emportaient. Après un raid audacieux sur Tyr, Sidon et Césarée, elles se rabattirent brusquement vers le sud, incendièrent Ascalon, rasèrent Gaza, réduisirent en poussière Anthédon. La Palestine pantelante gisait assassinée.

De son côté, la Syrie réagit. Rome abrutie par Néron semblait frappée de stupeur. Le plan de décomposition élaboré au sein du Saint des Saints et payé par le Trésor pontifical, avait réussi au delà de tout ce que pouvait espérer les prêtres.

Mais, après s'être retournée contre les Pontifes, l'aventure allait-elle se retourner contre lions les Juifs ?

---

44 — Provinces de la Palestine situées au Nord et au Sud du Lac de Tibériade.

Non contents de rendre meurtre pour meurtre, « *œil pour œil, dent pour dent* », selon l'antique et sauvage formule du Vieux Testament, les Syriens assurèrent leur sécurité en faisant alentour le vide des Hébreux. Ils les exterminèrent. Josèphe conte cette anecdote épouvantable qui montre à quel degré la férocité humaine peut atteindre.

> « *A Scythopolis, les Juifs s'étaient unis aux Syriens pour repousser les révoltés qui menaçaient la ville. Les Syriens avaient peu confiance en leurs alliés. Ils leurs imposèrent de se retirer le soir dans un bois voisin et d'y camper avec leurs familles. La troisième nuit ils se jetèrent brusquement sur ces malheureux. Au poignard, à la hache, à l'épée, ils en massacrèrent 13.000. Un des plus nobles parmi ces fils d'Israël, Simon, fils de Paul, qui s'était distingué dans les luttes précédentes, sentit toute sa foi se ranimer au moment de périr. Dominant de la voix et du geste ses assaillants, il leur cria :*
>
> « *— Je mérite la mort pour avoir combattu dans vos rangs impies mes compatriotes, mais je ne la recevrai pas d'une main païenne !*
>
> « *Il saisit son père et le tue. Sa mère, sa femme, ses enfants se laissent égorger par lui. Montant alors sur leurs cadavres, il se perce de son épée !*
>
> « *Terrifiés, les Syriens comprirent ce qu'il fallait attendre d'hommes capables de telles fureurs.* »

La lutte devint immédiatement une vraie guerre de race et de religion. Il ne pouvait en être autrement de par l'orgueil du temple et de par l'orgueil d'un peuple qui prétend être le missionnaire de Dieu parmi les autres hommes considérés comme d'essence inférieure.

D'autre part, l'orgueil romain devait rapidement réagir contre celui d'Israël. Et, pour qui sait ce que vaut, de tous les temps, l'industrie politicienne : Sanhédrin et Palatin, l'un soldant et pourrissant, l'autre soldé et pourri, tous deux se sentaient menacés par le soulèvement général qui menaçait l'Orient.

Réclamé secrètement par les maîtres déchus du temple et contraint par Rome, Cestius Gallus décida de marcher contre Jérusalem. Le 30 octobre, il sortit d'Antioche avec 13.000 hommes de troupes régulières (XIe et XIIe légions) et 15.000 auxiliaires syriens. Deux princes alliés l'accompagnaient : Soneme d'Émèse et Agrippa. La Galilée n'offrit qu'une faible résistance : l'armée coula tranquillement tout au long de la côte, et, le 24 octobre, Cestius Gallus dressait son camp à Gabaon, à 50 stades de Jérusalem (9 kilomètres).

La ville fêtait les Tabernacles.

Le général romain entra dans la ville, imaginant ne trouver que pèlerins, religieuse euphorie, airs de flûtes ou de lyres sur le Xystus et autour des marchands de poissons frits. Cette méprise lui coûta cher. Les chefs de l'émeute ne s'illusionnèrent point sur leur sort en voyant arriver la Légion de Gallus et surtout les auxiliaires syriens. Ils pensèrent, à juste raison, que les arbres des Oliviers et du Cédron, ne suffiraient point à fabriquer des croix. De rudes hommes de guerre se trouvaient à Jérusalem, parmi les étrangers attirés par les fêtes : Niger de Pérée, Silas de Babylone, ancien lieutenant d'Agrippa, Simon, fils de Gioras, Menabaze et Cenédie, princes d'Adiabène. Tout porte même à croire que cette conférence de généraux n'était point fortuite.

Rapidement, face à l'ennemi, ils mirent de l'ordre dans le peuple qui s'était armé, ils le distribuèrent en cohortes compactes qu'ils jetèrent sur Gallus. Surpris, culbutés de la ville haute sur la ville basse, traqués dans l'enchevêtrement des ruelles Romains et Syriens furent mis en déroute. Le massacre eut été complet si la cavalerie d'Agrippa n'avait réussi à tourner les Juifs et à les attaquer de flanc. Pour ne pas être coupés de la place, les Zélotes, qui s'acharnaient à la poursuite, durent battre en retraite.

Gallus campa à mi-chemin de l'actuel El Dgib (Gabaon).

Agrippa essaya d'une tentative de conciliation auprès de ses compatriotes. Au nom de Rome il offrit l'amnistie pleine et entière, laissa entrevoir la possibilité d'une réorganisation du temple et annonça le départ de Florus. De nombreux israélites prêtaient une oreille complaisante à ces sages propositions. Les lévites hésitaient. Les soldats d'Eléazar penchaient pour l'entente. Mais Niger de Pérées, Silas, Simon, Monabaze, Cenédée et les Zélotes, s'ils croyaient en la parole d'Agrippa ne croyaient point en la clémence de Gallus. Peut-être n'avaient-ils point tort… Soudain un groupe de Zélotes se précipite sur les parlementaires, tue l'un des envoyés du prince en blesse un autre et disperse à coups de matraque lévites ou soldats qui paraissent fléchir !

Toute conciliation était devenue impossible. La guerre à outrance commençait.

Gallus espérait quelque appui dans la cité : partisans d'Agrippa et des prêtres, lévites hésitants, populaire lâche et vil lapant l'écuelle des Pontifes, constituaient des alliés possibles. Il porta ses troupes sur le Scopus qui domine non seulement l'extrémité nord-ouest de la vallée de Josaphat mais qui commande toute l'enceinte. Il patienta trois jours. Le 30 octobre, il ordonna la marche en avant passa le Cédron et gravit le plateau, prenant comme objectif la porte de Damas.

« *Les révoltés cédèrent aux légions, si imposantes quand elles se formaient en bataille. Ils se réfugièrent dans le temple et sur la ville haute* »

(Josèphe).

Gallus occupa sans coup férir tout le nord de la cité se répandit dans Bézétha qu'il mit en flammes et ne s'arrêta qu'au pied de Sion devant le palais d'Hérode, face aux tours d'Hippicus et du Coin. Agrippa espérait encore que les Hébreux ouvriraient les portes. Les troupes romaines s'arrêtèrent et attendirent.

Mais les Zélotes veillaient. Soupçonnant quelques « *modérés* » de pactiser avec Gallus, il les précipitèrent du haut des murailles, sur les rocs où ils se rompirent les os.

Le 5 novembre, les Romains donnaient l'assaut.

En colonne serrée, les légionnaires attaquèrent la partie nord du temple, entre l'Antonia et la Porte des Brebis. Formant — « *la tortue* » — qui leur permettait sans être écrasés par les pierres, d'approcher des remparts.

Les coups sourds et redoublés des machines, l'effritement, l'ébranlement des murs provoquèrent la panique parmi les défenseurs. Le moral faiblissait, les plus exaltés commençaient à défaillir. Le parti des prêtres et de la paix relevait la tête. Il semblait que Jérusalem était perdue. Les cris de rage impuissante, les excitations, les hurlements des pèlerins campés autour de l'enceinte troublèrent Gallus. Il crut que la ville s'apprêtait à une résistance forcenée et que cette multitude étrangère allait courir sus à ses troupes. Brusquement, il fit sonner la retraite.

Stupéfaits, les assiégés regardaient reculer les cohortes et ne savaient quel parti prendre. Quand la queue de l'arrière-garde eut disparu dans la faille du Cédron les défenseurs de Jérusalem comprirent seulement que les Romains levaient le siège. Alors en une poussée tumultueuse, hurlant des psaumes et des cris d'égorgement, ils se précipitèrent à la curée. Jéhovah venait d'accomplir un nouveau miracle en faveur du peuple élu, en faveur de « *son peuple.* » Les Romains ne tardèrent pas à se rendre compte que la colère de Dieu est implacable.

Le lendemain, le Scopius était emporté d'assaut et Cestius Gallus commençait une retraite qui devait s'achever en débâcle.

L'armée romaine, encombrée par ses convois de blessés et par ses machines de guerre, recula lentement comme un troupeau de buffles enveloppé de taons, jusqu'au camp de Gabaon. Elle laissait derrière elle un millier de morts et parmi eux plusieurs chefs de cohorte.

À Gabaon, il fut impossible de tenir et de se retrancher. Après deux journées de lutte sanglante il fallut, en hâte, reprendre la route de Césarée par la dangereuse passe de Bethoron.

Le défilé de Bethoron est célèbre dans les fastes guerrières d'Israël. Une fois de plus, il devait être funeste à ses ennemis.

> « *C'est là que Josué avait vu fuir les rois de Chanaan écrasés par la main de Dieu ; là que parlant à l'Eternel il avait crié :*
>
> « *— Soleil, arrête-toi sur Gabaon, et toi, Lune en la vallée d'Aialon ! Et le Soleil s'arrêta un jour entier, et il n'y eut ni avant ni après, de jour comme celui-là, où l'Eternel écoutât la voix d'un homme, car l'Eternel combattait pour Israël* »

(Josué, *Livre de Jashar*, X, 12 et 14).

Gallus commit l'ultime faute d'engager ses troupes dans ce Pancorbo palestinien. Le vieux chant du Livre de Jashar retentit aux oreilles des Juifs quand ils virent les légions s'engouffrer sans flanc-garde robuste, dans l'étroite gorge. Ils se précipitèrent à la suite de Simon et de Niger, sur les crêtes qui dominent la passe pendant que Monabaze et Cenédée occupaient l'entrée et la sortie.

Rochers, troncs d'arbre, flèches, javelots tombent sur les Romains, écrasent la 12ᵉ légion qui protège la retraite. Les légionnaires empêchent l'avance juive mais tentent vainement d'escalader les murs abrupts de la montagne. Sans la nuit, pas un Romain n'eut échappé. Gallus profita des ténèbres pour fuir en plaine avec ce qui lui restait des troupes. Il avait perdu cinq mille hommes et laissé aux mains des Juifs l'aigle de la 12ᵉ légion.

Depuis la défaite de Varus dans les sombres forêts de Germanie, Rome n'avait subi pareil affront.

Cestius Gallus en mourut (Josèphe, II, XIX, 7-9).

Chapitre VIII

Vespasien en Judée

La défaite et le suicide de Cestius Gallus, la débâcle de l'armée romaine laissèrent Jérusalem ruisselante de sang et stupéfiée.

La victoire était trop complète. Elle terrorisa la plupart des Juifs : Rome, obéie de l'Orient et de l'Occident, ne pouvait rester sous l'impression de cet échec ! « *Quelle serait la répression ?* » A cette seule pensée les esprits sages et réfléchis frémissaient d'horreur.

Le péril était immense ; il semblait impossible de le conjurer. L'ère des intrigues avait vécu. La puissance des Juifs, au Palatin, ne pouvait suffire à conjurer le péril ; en vérité, la turbulence d'Eléazar et de ses Zélotes, l'indignation de la population, avaient détruit les plans savamment ourdis par le temple et le Sanhédrin. Les projets d'accaparement et de domination poursuivis par Israël apparaissaient, aux limites et au cœur de l'empire. L'heure de combattre avait sonné et les râles des légionnaires écrasés dans le défilé de Bethoron avait jeté l'alarme dans l'impériale cité.

Qu'opposer aux cohortes qui allaient envahir la Judée ? Rien.

Nul secours d'autre part à espérer des contrées voisines ! qui haïssaient les tribus de Juda. L'orgueil juif avait, ici, comme ailleurs, trahi les Juifs. Les rois voisins de Syrie et de Palestine penchaient pour les

Romains. Antiochus, roi de Commagène ; Sohème d'Emèse et Malchus, le chef arabe, dont certaines tribus étaient chrétiennes, fournissaient des renforts à César.

Des messagers furent envoyés à Rome pour plaider la cause de Jérusalem. La mission n'obtint pas audience et, sur le conseil des Juifs les plus influents, ne persista pas dans un projet qui ne pouvait qu'exaspérer les généraux romains.

Des émissaires s'embarquèrent à destination de toutes les villes de l'Orient ou du pays des Parthes. Peu de Juifs répondirent à cet ordre secret de « *mobilisation générale.* » Quelques-uns prirent le chemin de Jérusalem, mais la plupart se montrèrent d'une sage réserve ; d'autres eurent assez de se défendre dans les régions où ils étaient établis. À Damas, où cependant la totalité des femmes était affiliée au mosaïsme, tous les Juifs furent égorgés. La seule précaution que prirent les Romains et leurs alliés fut de surprendre les victimes, de façon à éviter tout tumulte (Josephe). Chaque demeure avait ses bourreaux désignés. Sur un signal convenu, les portes furent enfoncées et le massacre commença rapide, silencieux. Quelques cris étouffés par l'épaisseur des murs et la profondeur des couloirs, signalèrent seuls à Tanit-Astarté, cette effroyable et froide exécution.

Alors Jérusalem isolée fut sublime.

Pour une fois, et qui fut la dernière, les Juifs surpris en flagrant délit d'intrigues et de trahisons, se montrèrent beaux joueurs.

Ils devaient atteindre aux plus hautes sphères de l'héroïsme, étonner Titus qui s'entendait en courage.

La Ville Sainte prit ses dispositions pour se battre, pour vaincre ou pour mourir. L'élan fut tel que les prêtres eux-mêmes cédèrent à l'impulsion. Il n'y eut qu'un groupe, partisan d'Hérode-Agrippa et de l'aristocratie palatine qui, par attachement à ses princes, passa aux Romains. On les laissa rejoindre Césarée.

L'aristocratie sacerdotale espérait-elle composer au dernier moment avec les conquérants ? Ou croyait-elle que le ciel ferait des prodiges pour les défenseurs des tabernacles ? Il semble que lévites, pharisiens ou prêtres, étaient trop avertis des choses de ce bas monde et trop désabusés pour croire sérieusement à l'intervention de Jéhovah !

Quoi qu'il en soit, « *l'union sacrée* » fut décidée. Les Pharisiens sceptiques se jetèrent à la bataille avec le même enthousiasme que les Zélotes fanatisés. Si unanime fut l'accord, dans ce premier élan, dans cette fougue irrésistible de patriotisme, que le pouvoir se trouva régulièrement constitué et remis aux plus dignes.

La souveraineté du Sanhédrin fut affirmée hautement ; la police, l'administration furent laissés aux fonctionnaires habituels. L'assemblée tenue dans le temple, donna tout pouvoir à deux hommes du plus haut rang ! Joseph ben Gorion et Hanan : le fils d'Anne qui avait condamné Jésus, le plus ancien des grands prêtres.

Plaçant à sa tête de tels personnages, le parti de la guerre à outrance s'agrégeait l'élite de la nation. Les sages et les notables d'Israël, ceux qui, jadis, étaient partisans de Cestius Galus : Josué ben Gamala, Siméon ben Gamaliel, petit-fils d'Hillel, toute l'aristocratie du sacerdoce, tous les notables : tous d'un même cœur entrèrent dans la lutte.

Hanan décréta l'enrôlement de tous les citoyens valides ; il plaça des catapultes sur les tours de l'Antonia. Il exigea des provisions d'armes exorbitantes ; il tenta même de faire construire des galères à la côte pour détruire les trirèmes qui ravitaillaient les légions.

Il exigea que tout fut enregistré, soigneusement écrit. Il se faisait transporter de la porte de Damas à celle des brebis, des remparts esseniens aux murailles d'Agrippa ; on apercevait toujours sa grande litière, qui, se balançant de gradins en gradins, gravissait les escaliers de Sion où l'on avait créé un arsenal.

Seul dans le palais d'Hérode, la nuit, quand il ne pouvait dormir, Gorion hurlait des manœuvres de guerre, pour se préparer à la bataille. Le jour, il engouffrait des vivres, du soufre, de la poix, du salpêtre dans les souterrains de la ville. Le ventre de Jérusalem était plein de blés syriens, d'huile d'olives, de matières incendiaires, de flèches et de balles d'argile.

De tous côtés, les jeunes gens s'exerçaient ; et l'on apprenait aux femmes à faire bouillir l'huile et fondre la poix ; à balancer les récipients sans éclabousser les défenseurs ; à soigner les blessés. Tout le monde, par excès de terreur, devenait brave. Les riches, dès le chant du coq ; dès que l'aube nimbait de lilas les crêtes du Scopus, s'alignaient le long des remparts de l'Acra. Au signal des buccins ou des glaives courts sonnant sur les boucliers, tous, sans distinction de fortune ou de caste, s'exerçaient à manier la pique. Retroussant leur tunique, ils enlaçaient les oliviers, les palmiers, les myrtes, les platanes, les prenaient d'assaut, se livraient des combats sur les branches, comme s'ils eussent défendu les créneaux contre les tours de siège.

Faute d'instructeur on se disputait ; l'on s'asseyait essoufflé, riant, sur les dalles brûlantes, puis l'on recommençait. Onze Hébreux furent écrasés par une catapulte qui brisa ses attaches ; quelques prisonniers romains destinés à la croix, eurent la vie sauve, sous condition d'enseigner le tir à la baliste et le combat à l'épée sous la protection du scupum lamé de fer.

Armes, machines, matériel de guerre s'amassaient fébrilement. Jérusalem se couvrit de redoutes et le pays environnant de remparts. La Judée entière se leva pour défendre jusqu'à la mort, jusqu'à la passion, dans la mort, sa foi, son temple, sa vie nationale !

En province, le choix des gouverneurs et des chefs fut également heureux.

L'historien Josèphe, dont le nom est cité en tout chapitre de cet ouvrage, prit le commandement des troupes galiléennes.

Bien que ses écrits lui aient donné plus de renom que son rôle militaire, la part qu'il prit à la guerre nationale fut glorieuse. On lui confiait le poste le plus redoutable, le plus exposé au choc de l'ennemi : la Galilée.

La défense de cette province, couverture de Jérusalem, était aussi difficile à organiser qu'à soutenir. Les populations étaient hésitantes, divisées : Sephoris la capitale était romaine de cœur. En face d'elle, l'aristocratie de Tibériade fidèle à Agrippa réclamait la paix, alors que les pêcheurs et la plèbe poussaient à la guerre. À Giscala, l'ancien chef des Garnaïtes, Jean ; s'était emparé des esprits et du pouvoir. À la suite de ses exploits contre Cestius Gallus, il aspirait à devenir roi de Galilée.

Même confusion au delà du Jourdain ! La Gaulanitide, la Batanée, le Décapole étaient rançonnés, mis à sac par des hordes de bandouillers et d'écorcheurs. Les villes crucifiées râlaient sous l'incendie, le meurtre et le viol.

Josèphe agit comme Duguesclin agira ; il composa avec ces bandes. Il les rallia, les prit à sa solde et en forma la partie la plus redoutable de son armée.

Ce fut un coup de maître : l'œuvre d'un profond politique et d'un bon général.

Soixante-cinq mille hommes déterminés, entraînés à la guerre, aux courses furibondes à travers montagnes et déserts, constituèrent l'armée galiléenne. Josèphe jeta des garnisons solides en des places qu'il fortifia : Jotapata, Tarichée, Tibériade, Itabyrium, le Tabor.

Ces soldats ramassés à l'aventure, à peine disciplinés, devaient étonner les légions de Rome. L'amour de la patrie allait les rendre capables de tout souffrir et de tout oser.

Vespasien opéra la concentration des forces romaines à Antioche. Le prudent général entendait marcher en force contre les révoltés. Son fils Titus avait affronté les risques d'une navigation d'hiver, pour lui amener les garnisons d'Égypte. Trois légions, vingt-cinq cohortes, soixante mille hommes de rudes troupes, disciplinés, rompus aux armes, habitués à briser toutes les résistances, à triompher de tous les assauts, furent rassemblés dans la grouillante cité de l'Oronte.

Vers la fin du printemps, de l'année 67, Vespasien prit la route qui conduit de Syrie en Palestine. L'armée longea la Méditerranée, occupa Saint-Jean d'Acre (Ptolémaïde) où le général installa son état-major.

Sephoris était voisine de l'armée. Soixante kilomètres la séparait à peine des aigles de Rome. Elle se déclara pour César.

Gabara fut moins avisée. Elle ferma ses portes ; couvrit ses tours d'archers et de frondeurs. Vespasien la livra à ses dogues. L'assaut fut irrésistible, silencieux, implacable. Il semblait que les murs croulaient sous le simple poids des légionnaires. Exemple terrible : toute la population mâle fut égorgée ; la ville et ses alentours furent incendiés. Enfants et femmes prirent le chemin des marchés d'esclaves. L'actuelle Kabarah végète aujourd'hui, sur ces ruines mortes, couleur de sang séché.

Cette exécution glaça de terreur la Tibériade. Mais l'aspect des légions envahissant le pays répandait d'avantage encore l'épouvante parmi les Juifs. Elles avançaient implacables, comme des coulées de laves. Elles couvraient les plaines, pénétraient dans les failles en colonnes souples et serrées, toujours prêtes au combat, à la marche ; derrière elles ce n'étaient que villages fumants et récoltes calcinées.

Josèphe se jeta à leur rencontre. Quand ses troupes aperçurent les carrés romains elles se débandèrent sans combattre, sur le plateau de Séphoris. Le général juif se retira d'abord à Tibériade ; puis, par un habile mouvement tournant, il réussit à se jeter dans Jopatata, sur laquelle marchait les Romains.

Cette citadelle était de toutes les places de la Galilée la plus difficile à forcer. Bâtie comme un nid d'aigle en une farouche région de montagnes et de forêts, l'actuelle Jéfat est dressée sur un promontoire en dos de chameau, qui s'avance sur la plaine, par de tels escarpements, à de telles altitudes que, de ses remparts, l'on distingue à peine le fond des ravins qui l'enserrent.

Quarante mille Galiléens, l'élite sauvage de l'armée de Josèphe avaient mis cet éperon en état de défense. Ils le tenaient pour imprenable, pour inaccessible.

Un transfuge informa Vespasien que Josèphe occupait Jopatata. Le général ramassa toutes ses troupes afin d'écraser d'un seul coup la révolte et son chef.

Quand, des murs de la ville, les assiégés virent les forêts tomber sous la hache des légionnaires, ils comprirent qu'il ne leur restait qu'à vaincre ou mourir.

Sans sommation préalable, Vespasien ouvrit la tranchée devant Jopatata. C'était la signification même d'un duel à mort.

... Cinq assauts en trois jours sont repoussés. Vespasien entreprend le siège. Du seul côté où la ville est abordable, sur l'arête du promontoire, une chaussée de pierres et de bois s'élève péniblement. Javelots, flèches, sagaies et rocs s'abattent sans arrêt sur les Romains. L'ouvrage permet enfin aux assiégeants de dominer la ville et sur la plate-forme pavée, Titus parle de faire avancer les catapultes. Mais, pendant la nuit, Josèphe surélève les murailles, se met à l'abri et domine à nouveau l'adversaire. Les béliers entrent en action. À l'aide de sacs de paille et de chiffons, les assiégés amortissent les coups. Les centurions forment la tortue, dressent des échelles ; l'huile bouillante qui tombe à flots pénètre sous la voûte des boucliers et dévore les légionnaires. Meules de moulin, troncs d'arbre, masses de plomb, choient des créneaux ; les flèches achèvent ce qui reflue vers la ligne romaine ; et soudain Josèphe, enhardi par la confusion de l'ennemi, passe à l'offensive. Les portes s'ouvrent, vomissent un torrent de frénétiques et d'énergumènes, de héros hurlant, torches au poing, ils bondissent sans armes sur les ouvrages romains, incendient, détruisent en quelques instants claies et palissades et machines de guerre ; les tours de bois s'écroulent dans une apothéose de victoire et de flammes immenses, pendant que javelines et flèches s'enfoncent vibrantes dans les cadavres et protègent la retraite des vainqueurs !

Les légions de Rome sont tenues en échec ! Avec leur habituelle et froide ténacité les Romains réparent le désastre. Les béliers renversés se relèvent. Les catapultes reprennent leur travail d'écrasement. Les murailles, nuit et jour, inlassablement sont battues,.Un soir que Vespasien dirige lui-même le terrible travail de sa termitière humaine, le rempart se troue d'une brèche. Une hurlée de triomphe monte de cette masse en labeur. Un cri de défi répond de Jotapata. Une javeline, au même instant, s'enfonce de toute sa rage sifflante dans l'épaule du général. Maître de sa douleur, soutenu par son fils, Vespasien lance à l'assaut les soldats exaspérés. Les légionnaires ont vu chanceler leur chef, et vu son sang couler, en une poussée irrésistible, ils conquièrent la brèche, occupent les éboulements et débordent sur les remparts. Une horrible mêlée, un corps à corps indescriptible s'engagent. À la lueur des pots de poix qui flambent et des incendies allumés par les flèches enflammées, on s'égorge, l'on s'étrangle, l'on se tue, jusqu'au matin. Les balistes tirent à toute volée, écrasent de leurs pierres hommes et murailles pendant que le heurt sourd et méthodique des béliers continue, préparant d'autres failles. Au choc des armes, aux stridences des cordes, aux imprécations des combattants, les clameurs affolées des femmes et des enfants répondent de la ville. Quatre fois les légionnaires forcent le passage, quatre fois ils sont ramenés.

L'aube éclaire un spectacle effroyable, alors que les bras, las de frapper, tombent d'épuisement : Le sang répandu à flots, baigne le pied des murailles. Les morts, mêlés, enchevêtrés, liés par de communes agonies, forment de tels amas que, de cadavre en cadavre l'on peut atteindre au faîte des remparts... Et, sur cette enceinte macabre les Galiléens restent invaincus, ne cèdent rien. Ils ont même réparé les brèches de la muraille derrière ces murs de morts, secoués d'agonies.

Une trêve tacite permit de déblayer les talus où côte à côte, poitrine ouverte, tête fendue, face livide bridée par les jugulaires d'airain, les sauvages soldats de Josèphe et ceux de Vespasien, étaient tombés pour des mots : la gloire de Jéhovah, la gloire de César... Et toute cette chair palpitante sur laquelle voletait des mouches bleues faisait une intarissable source de sang.

Vespasien blessé désespéra d'emporter la place par l'escalade. Il enferma Jotapata dans ses remparts. Il fit construire cinquante tours, blindées de fer, à l'épreuve des projectiles et du feu. Leur plate-forme à portée de trait dominait la ville. De là, les meilleurs archers romains eurent mission d'épier sans relâche et d'abattre tout ce qui se présenterait sur les murs.

De nombreux assiégés périrent ainsi, mais la soif et la faim décimèrent d'avantage encore la population et ses défenseurs.

Quarante-sept jours de combat avaient épuisé l'eau, le sel et les vivres. Les derniers mulets avaient été immolés, ainsi que les chiens. Un prisonnier emmené à Vespasien révéla que les sentinelles s'endormaient, mourant de faim et de fatigue, aux dernières heures de leur veille. Les Romains tentèrent une surprise.

Par une nuit bruineuse, deux décuries se hissèrent silencieuses, sur le sommet des remparts, et, sans bruit étranglèrent les gardes de la porte principale. L'armée entière suivit et se répandit dans la cité dormant d'un sommeil funèbre. Quand la ville s'éveilla, il ne lui restait plus qu'à mourir.

Le massacre fut atroce. Les Romains épargnèrent toutefois les femmes et les enfants qu'ils ravitaillèrent pendant le combat. Un groupe de Galiléens s'était retranché, à l'extrémité du promontoire dans les dernières maisons de Jotapata. Il fallu les écraser à la baliste.

... La conduite de Josèphe, en ces tragiques circonstances, le lave un peu des accusations portées contre lui par Jean de Giscala et le Sanhédrin. On oublie ses complaisances de jadis et ses servilités futures, envers les Romains.

Mais, Josèphe avait pu s'échapper. Ce n'était, pour Rome, qu'une demi-victoire. Pendant trois jours Vespasien fit rechercher le général juif... Une femme le trahit parce que son fils avait été tué pendant le siège. Elle conduisit les légionnaires à l'entrée de la citerne rocheuse où Josèphe avec quarante survivants, était réfugié.

Le général romain envoya des parlementaires.

Josèphe décida de se rendre ; mais intraitables, soupçonneux, ses compagnons déclarèrent :

— « *Tu ne sortiras que mort, au milieu de nous !* »

Josèphe possédait au plus haut point l'astucieuse souplesse de sa race, l'art de se tirer des plus mauvais pas.

— Bien, répondit-il, alors aucun de nous ne tombera vivant entre les mains des ennemis et je jure de ne point servir au triomphe de Vespasien. Le plus noble parti que nous puissions prendre est de nous égorger mutuellement, et de remettre au sort le soin de marquer l'ordre du sacrifice !

Les héros de l'indépendance juive acceptèrent cette décision. Le sort adroitement guidé laissa Josèphe seul avec un dernier survivant qui, semble-t-il renonça comme son général à mourir.

Mais Josèphe, ne s'en tint pas là. Il n'avait pu vaincre les Romains. En bon Juif qu'il était, il entreprit d'en tirer parti. Vespasien, qui connaissait ses relations à la cour le reçut comme un égal, et non comme un vaincu. Son succès était trop complet pour qu'il ne soit pas magnanime. Josèphe revint sur l'heure, du plus ardent des patriotismes à l'admiration la plus respectueuse de Rome. Il se présenta comme un prophète, conquit les bonnes grâces de son vainqueur en lui révélant les hautes destinées auxquelles sa famille était promise (45) ... Titus en fit son ami et le prit

---

45 — Josèphe pouvait facilement jouer au prophète. Il n'ignorait point le mécontentement de l'armée romaine. Il savait que le seul souci du devoir retenait les légions dans l'obéissance. Ces hommes accoutumés à la guerre grondaient contre les débauches et les crimes de da capitale. « *Vous êtes les*

dans son Etat-major, quand il vint mettre le siège devant Jérusalem.

Josèphe avait compris que la fortune passait pour toujours du côté des Romains. À elle seule, où qu'elle fut, l'écrivain Juif entendait, d'instinct demeurer fidèle.

— Ne m'envoie pas à Rome, déclara-t-il à Vespasien, garde-moi dans les fers. Bientôt tu seras souverain seigneur de la terre, de la mer, de tout le genre humain.

L'histoire des autres peuples stigmatise de pareils exemples. Mais, à considérer comment les héros, les martyrs de la patrie, sont traînés sur les claies par les profiteurs, par les égoïsmes lâches qu'ils ont préservés, l'on est en droit de conclure qu'il s'agit d'une séculaire duperie dont les meilleurs paies la farce, de leur sang, de leur vie, parfois même de leur honneur.

Josèphe avait rudement payé de sa personne pendant le siège de Jotapata. On l'avait vu sur la brèche tuer deux centurions de sa propre main ; on l'avait vu distribuer sa part de vivres et d'eau à des blessés, à des mères qui ne pouvaient plus nourrir leurs nouveau-nés ; toutes les alertes le trouvaient debout et le premier face à l'ennemi, donnant des ordres comme un général et se battant comme un simple soldat, avec une fureur de Zélote.

Si Josèphe était mort dans cette caverne où l'emprisonnait le fanatisme des « *quarante* », Israël n'aurait pas d'historien et l'héroïsme des Juifs serait inconnu des peuples et nations qui les méprisent ! Jéhovah pensa peut-être que l'exemple d'une telle vie valait mieux pour « *son peuple* » que l'exemple d'une telle mort. Il rendit donc le général vaincu au général vainqueur et celui-ci fit de celui-là son conseil et son ami, Exemple unique dans l'Histoire de Rome.

---

sauveurs de la Patrie ! » leur disait-on et la Patrie n'était plus qu'un mauvais lieu où les femmes le disputait en débauches aux hommes ; où, l'Empereur donnait lui-même le signal de l'orgie. Josèphe savait que les généraux romains et leurs troupes ne consentiraient pas à subir le sort des Mercenaires de Carthage ! Savait-il que Vespasien était destiné à la pourpre impériale ?

La prise de Jotapata et la destruction de l'armée de Josèphe livraient la Galilée à Vespasien ; de la Méditerranée à la rive ouest du Thibériade le pays était nettoyé d'insurgés et de bandits. La paix romaine s'étendait sur un désert de cadavres et de décombres fumants.

Sur l'autre rive du lac, Gamala (actuellement, Kala-el-Hasen), se cambrait indomptée, non moins redoutable par sa situation et par le courage de ses défenseurs. Vespasien transporta ses catapultes et ses balistes devant la ville.

La résistance fut plus tragique encore et plus tenace que celle de Jotapata. Lorsque l'enceinte des remparts rouges fut emportée les Juifs se réfugièrent dans le donjon central qui dominait un éperon de roc. Acculés à bout de forces, rendus de soif et de famine, ils embrassèrent leurs femmes et leurs enfants, puis se précipitèrent dans le vide.

Deux femmes seulement, les filles du Babylonien Philippos, survécurent à cette horrible « *précipitation.* » Pris de frénésie, emportés par cette rage épidémique de tuerie, persuadés qu'il fallait étouffer jusqu'aux embryons de ce peuple, pour le réduire, les Romains jetèrent du haut des murs tout ce qui subsistait. Ce fut une fête atroce de rires, de blasphèmes et de carnage (Josèphe,IV, 1, 2, 7).

À Tibériade, à Tarichée(46) les Romains furent pareillement impitoyables.

Les habitants s'étaient réfugiés sur des barques. Vespasien, réquisitionna tous les canots ou gabares qu'il put découvrir. À la tête de cette flottille armée d'archers et de frondeurs, il poursuivit les fugitifs. Le général n'accorda nul quartier, pendant plusieurs semaines les rives du lac furent empestés par les cadavres. Le reste des insurgés avait déposé les armes, sous promesse de vie sauve. Vespasien, poussé sans doute par l'aristocratie sacerdotale qui jouait double jeu dans le conflit, ternit sa gloire. Il manqua à la foi jurée. La foule des misérables fut conduite de l'ergastule, à l'hippodrome de Tibériade ; douze cents infirmes et vieillards furent triés puis égorgés ; six mille robustes jeune gens furent envoyés à Corinthe où ils travaillèrent au percement de l'isthme. Trente-six mille quatre cents autres comblèrent les marchés d'esclaves.

---

46 — Giskhala, aujourd'hui Karbet-al-Kerab, village arabe à trente stade au sud de Tibériade.

Vespasien exterminait sur l'heure et de parti-pris, qui ne se soumettait pas. Il est vrai que les Juifs se vengeaient férocement. Malheur aux isolés, aux téméraires qui s'écartaient du gros de l'armée romaine ! les pires supplices, pal, croix, écartèlement, étaient réservés aux légionnaires, qui tombaient aux griffes des chefs de bandes.

Restait Giscala(47) que terrorisait Jean, fils de Lévi l'aventurier héroïque et sanglant que nous retrouverons à Jérusalem.

La population agricole de la région préférait vivre paisible parmi ses vignes, ses oliviers, et ses figuiers, que de courir les risques stériles d'une guerre désespérée. Les hordes furieuses qui se rassemblaient autour de Jean parlaient de détruire la ville, d'incendier toute la région, d'égorger les habitants, si les Romains étaient victorieux.

Fort heureusement Titus fut chargé par son père de réduire la cité. L'attention de Vespasien venait d'être appelée subitement sur Rome où se jouaient les derniers épisodes du drame judéo-néronien.

Avec la mansuétude, dont il était coutumier, Titus offrit à Giscala, vie et biens saufs, si elle capitulait sans résistance. Jean accepta. C'était pour lui l'occasion inespérée de sortir d'une ville qu'il maîtrisait difficilement et de se réfugier à Jérusalem où la résistance s'organisait, ardente et méthodique.

Il abusa de la bonne foi de Titus et faillit le payer cher. Prenant acte de la Loi mosaïque, il demanda que la reddition ne fut pas conclue le jour même, qui était réservé au Sabbat.

Titus accorda non seulement le délai, mais se retira, suivi de ses troupes, à Cydissa : quinze kilomètres au nord de Giscala.

Renseigné par les guetteurs qui suivaient les mouvements de l'armée romaine, Jean avait pris ses dispositions de fuite. À minuit, suivi des Juifs, des femmes, des enfants même, qui ne voulaient point se livrer à Titus, il quitte la ville ouverte et force la marche vers le sud.

Les femmes et les enfants retardent la retraite. On les abandonne dans les villages. Vain sacrifice !

Titus a rassemblé sa cavalerie et la jette sur la piste des fuyards avec ordre de les harceler sans répit. Dans la plaine du Thabor, Jean laisse 6.000 cadavres, se lance à corps perdu dans les montagnes du Gelboé, se

---

47 — El Djich, au nord de Safed, à hauteur du lac Mérom.

dégage de l'étreinte romaine, et peut atteindre Jérusalem avec les débris de ses bandes.

L'année 67 touchait à sa fin. De Gaule, d'Espagne, de Germanie même, de Grèce et du Pont-Euxin arrivaient d'étranges bruits. Les légions frémissaient de honte. Las de servir les vices du Palatin et la cupidité juive maîtresse de Rome, les vainqueurs du Monde parlaient d'imposer leurs volontés et de désigner un Imperator à la Ville Éternelle.

Vespasien et Titus prirent leurs quartiers d'hiver à Césarrée. Ils reportèrent la fin de la campagne à l'année suivante.

Cette suspension d'armes favorisait les Romains. À Jérusalem les Juifs se déchiraient entre eux.

À l'union des premiers jours avait succédé la suspicion et la discorde. Hanan et les chefs de l'Aristocratie, portés avec lui au pouvoir, avaient trop de sens pratique pour ne pas concevoir la folie de lutter ouvertement contre Rome ! Au reste, n'en étaient-ils point les maîtres ? D'autre part les courriers envoyés par les Synagogues des Sept Collines désapprouvaient la révolte. Ils montraient l'insurrection susceptible de découvrir le double jeu du Temple et des Juifs de la Dispersion.

Faire massacrer la Plèbe juive par la soldatesque de Gallus pouvait n'être que demi-mal et bon débarras ! Ce pouvait être même excellente occasion de jouer le rôle de médiateur entre les Zélotes et le Procurateur, d'affermir en quelque sorte le pouvoir du Sacerdoce sur la foule facile à duper, et près de César... De plus les affaires du Temple étaient florissantes. Toute la brocante d'Alexandrie et de Rome enrichissait le « *Saint des Saints.* » L'encens lui-même était gratuit, venant de la Haute-Egypte où besognaient les Légions et la mercante d'Israël. En suprême bilan, lorsqu'on dirige une industrie aussi prospère que celle du « *Sacrifice Unique* » et du « *Trésor de Jehovah* » on tient à conserver cette industrie. Bien sot le prêtre qui aurait autrement raisonné ! !

La Galilée avait été dépecée ; elle gisait pantelante, dans une mer de sang. Le Sanhédrin et l'aristocratie n'avaient pas eu un geste, n'avaient pas donné un homme, n'avaient pas payé dix talents pour la sauver du martyr et du viol !

Eléazar et ses Zélotes, les Juifs patriotes soupçonnaient la duplicité du pharisaïsme ; ils savaient que Josèphe s'était rendu aux Romains ; ils n'ignoraient point qu'Agrippa s'apprêtait à rejoindre le camp de Vespasien : ils accusaient hautement l'aristocratie de trahir.

En réalité, l'aristocratie ne trahissait pas ; elle agissait selon les principes des Sages de Sion : les Juifs avaient déprimé le niveau moral de Rome, abaissé le degré de l'honnêteté commerciale ; restés à part, non assimilés, ils avaient étranglé financièrement la cité et rendu toute vie sociale impossible. Or, les prémices d'une réaction « nationale romaine » se faisaient sentir de toutes parts. Le Grand-Prêtre était renseigné par les Synagogues de l'Empire, par les trafiquants qui suivaient les légions jusqu'aux confins de la Grande-Bretagne et de la Numidie. Il savait que Vespasien était d'accord, avec Galba chef des légions ibériques, avec Vindex qui tenait la Gaule-Aquitaine et avec Othon qui occupait la Lisutanie.

Tout annonçait la chute prochaine de Néron. Les oracles étaient favorables aux Flaviens (Familles de Vespasien). La prudence conseillait de temporiser. Et puisque les excès mêmes de Néron avait compromis le plan de domination conçu par le Temple, il convenait d'attendre et d'observer les événements.

En secret, Hanan travaillait à calmer les esprits, à ralentir les armements ; il envoyait des présents à Césarée et au Palatin : en un mot il trahissait.

Mais le nombre des « *exaltés* » croissait sans arrêt. Repoussés du Nord par l'armée de Titus ils se joignaient aux Zélotes dans la Cité Sainte.

Quand Jean défenseur de Giscala parut à la porte de Jaffa, quand dans un mélange confus de javelots et de piques où les dromadaires efflanqués balançaient des têtes étonnées et molles, les veilleurs distinguèrent des Juifs en déroute, tout Jérusalem se précipita à la rencontre des rescapés. Jean comprit que des paroles hardies, les exhortations à la résistance étaient indispensables à ce peuple dressé pour mourir.

Sa petite troupe était haletante, épuisée. Les chameaux barraqués, débarrassés des blessés qu'ils transportaient, ne pouvaient se redresser sur leurs hautes jambes amaigries. Autour des faisceaux de piques les hommes étaient abattus, plutôt que couchés.

Jean paya d'audace.

— Nous n'accourons pas en fugitifs, ô défenseurs des Lieux Saints, déclara-t-il. Nous avons doublé les étapes pour venir, réclamer le poste de combat le plus périlleux ! Nous n'avons pas cru devoir user nos forces dans les bourgades de la Galilée ; ce qu'il importe, au-dessus de tout c'est de sauver la Ville-Mère.

> « Quant aux Romains, je vous l'affirme, ils ne vaincront pas. J'ai vu leurs machines se briser sur les murs de Giscala. J'ai vu les légions reculer devant nos intrépides guerriers ; je les ai vues hésiter à livrer l'assaut final. À moins qu'ils n'eussent des ailes les soldats de Titus n'entreront pas dans Sion »
>
> (Josèphe, IV, chap. III, p. 1).

Cette jactance fut saluée par de frénétiques acclamations. Sous les palmes, en triomphe, les fugitifs-dératés de Giscala furent portés jusqu'au Temple, par une foule en délire qui hurlait les cantiques des victoires d'Israël.

Hanan trembla. Il comprit que le pouvoir lui échappait. Non seulement Jérusalem, mais la Judée entière allaient être partagées en deux parties inconciliables. Les « *extrémistes* » ne tarderaient pas à imposer leur volonté aux « *modérés* » du défaitisme. Conséquence fatale de la dépravation et de la pourriture du Temple ! Ce qui se passait à Rome se passait à

Jérusalem. C'est avec des haut-le-cœur que les Prétoriens obéissaient à Néron ; c'est avec mépris que les Juifs considéraient les Grands-Prêtres. L'union ne peut se faire autour de la pourriture et pour la pourriture... Ainsi pareillement, après des siècles de décomposition il est impossible d'exiger des hommes qu'ils se fassent tuer sur les champs de bataille pour un système néronien de Ministres sanieux, concussionnaires, assassins et prévaricateurs, pour les créatures sodomisées et gouvernementales, coloniales et consulaires de semblables imposteurs !

Instinctivement tout peuple qui se sent menacé dans sa vie et dans son indépendance aspire à massacrer ses tyrans, avant de se jeter contre l'envahisseur : Jérusalem fut, avant de s'écrouler dans les incendies et le sang, le théâtre d'effroyables règlements de comptes.

Les Zélotes d'Eléazar organisèrent des patrouilles punitives. Ces patrouilles couraient la ville et la campagne, rançonnaient ou crucifiaient les traîtres. La trahison, naturellement servit bientôt de prétexte au pillage et aux vengeances particulières. Les défenseurs de la Foi, rentraient à Jérusalem où quand ils étaient saouls de meurtres et de violences, ils entassaient butins et réserves de vivres. On jetait les carcasses des Traîtres sur les rocs du Cédron. Moitié d'Israël devint suspecte à l'autre moitié.

Les Zélotes constituèrent une espèce de Sanhédrin du Salut-Public qui entreprit directement sur l'autorité des magistrats. Les suspects furent traqués, saisis, condamnés aux plus abominables des supplices, après des parodies de jugement. Des hommes de haut rang, dont trois membres de la famille d'Hérode Agrippa furent décapités.

Le peuple demeurait indifférent en présence de ces attentats. Pouvait-on distinguer entre victimes et bourreaux ? Les Zélotes s'enhardissaient. Ils osèrent tout. Le pouvoir pontifical était vénal : ils l'abattirent. Les hautes familles fournissaient depuis plusieurs siècles le Grand-Prêtre, comme à Venise elles fournirent le Doge. Les Zélotes firent désigner le Pontife par le suffrage universel. Ce fut une séance d'Ilotes ivres. L'élu fut un rustre dont Aristophane eut fait sa joie : un marchand d'olives et d'huiles qui cultivait des concombres autour de la piscine de Siloé. Quand on le traîna, malgré lui, affublé du somptueux costume des Pontifes, sur le parvis des Gentils, Jérusalem fut prise d'un rire inextinguible... Le bouffon avait dépassé la mesure.

Hanan profita de la circonstance pour barrer la route aux furieux et... aux humoristes. Il tenta de sauver Jérusalem. Les Zélotes armés occupaient le Temple. Hanan convoqua, en Assemblée générale la Cité dont il était le chef régulièrement constitué. Le Grand-Prêtre parla longuement avec une émotion et une colère contenue qui frappèrent l'assistance. Il stigmatisa courageusement la honte de souffrir une tyrannie pire que celle des Romains.

Ces derniers proclama-t-il respectent au moins le sanctuaire d'Israël : les Zélotes en font leur camp, l'hôpital de leurs blessés, le théâtre de leurs désordres !

Les yeux pleins de larmes, Hanan se tourna vers le Temple ; il en parla avec un tel déchirement de cœur que le peuple, victime une fois de plus de ses généreux sentiments, se dressa pour marcher contre les profanateurs.

— Libérons les sanctuaires !

— Des armes ! Donnez-nous des armes !

Ce que les prêtres entendaient libérer c'étaient surtout leurs privilèges et... la caisse !

Hanan aidé par l'aristocratie arme la multitude. Mais les Zélotes prévenus sortent du Temple, se jettent sur cette cohue et, d'un premier choc, la refoulent sur les bas quartiers. De toutes parts surgissent des bandes armées ; Eléazar cède à son tour, devant le nombre, il est ramené durement par le pont d'Ophel et la Chaussée du Xystus, jusqu'au sanctuaire. Poursuivants et poursuivis franchissent les portes ensemble. Hanan blessé, couvert de sang occupe la première enceinte : l'esplanade des Gentils. Mais il n'ose pousser jusqu'à la cour des Prêtres où nul Israélite ne peut entrer sans se purifier. Il donne l'ordre d'investir étroitement les cours intérieures et de réduire les assiégés par la soif et par la faim.

La nuit venue un groupe de Zélotes grâce à quelques complicités, franchissait les murs, descendait par des cordes les rochers de Josaphata et se jetait en une galopade éperdue, vers le sud.

Etrange retour des choses humaines, les zélateurs de la Foi, couraient chercher secours chez les Philistins de l'Idumée. À demi-juifs, à demi-arabes, sanguinaires et sauvages les hordes iduméennes couraient au combat comme à une fête de meurtre et de pillage. Le nom d'Edom, père de ces tribus, répandait l'effroi dans la Palestine entière. Livrer aux Iduméens, Jérusalem, c'était livrer la ville à toutes les horreurs d'une escalade et d'une prise d'assaut ! Les chefs n'eurent qu'à jeter le cri de guerre dans la montagne. En quatre jours vingt-mille hommes étaient rassemblés en vue d'Hébron et marchaient immédiatement sur la capitale de la Judée.

La ville surprise n'eut que le temps de fermer ses portes, sur l'ordre de Hanan.

Les Iduméens n'étaient ni routiers ni écorcheurs à lâcher leur proie. Repoussés par les troupes de Hanan ils dressèrent leurs tentes de peaux de bêtes, sous les murailles et... attendirent. Du haut des murailles les Juifs remplis de dégoût les regardaient, couchés sur le ventre, manger les quartiers de bœuf comme mangent les lions. Ils bloquaient la ville aux cinq enceintes, avec le calme des grands fauves.

Jéhovah semblait avoir abandonné ses prêtres… Une nuit les nuages s'amoncellent sur Sion, lourds, violacés, menaçants, zébrés d'éclairs. Un ouragan d'une violence inouïe se déchaîne. Les tentes ennemies sont emportées par le cyclone, dans la ville les maisons croulent, des palmiers arrachés défoncent les clôtures, la pluie s'acharne sur l'Ophel et Sion, transforme les ruelles perpendiculaires en cataractes, et le quartier de Bézetha en marécage. Les sentinelles de Hanan quittent les parvis, s'abritent, se protègent contre les tuiles et les débris de toute espèce que le vent précipite sur les dalles. Quelques veilleurs Zélotes tirent parti du fracas et de la circonstance. Ils scient les portes de la première enceinte et traversent impunément la Cour des Gentils. Dans la ville tout est solitude et terreur. Le bruit de l'eau qui tombe en cascades dans le Tyrophéon et, bondit dans la vallée d'Hinnom rugit et bat furieuse les remparts, couvre la galopade des téméraires défenseurs de la Foi. Les sentinelles ont disparu des remparts, les portes sont à peine gardées. Les hommes d'Eléazar massacrent la garde, rejoignent les Iduméens et rentrent avec eux dans Jérusalem.

La surprise fut complète. Six mille hommes bloquaient le Temple. Stupéfaits par cette attaque imprévue, culbutés par ces bandes furieuses, que viennent seconder les assiégés, les troupes de Hanan fuient éperdues, jettent leurs armes, se réfugient dans les cours et les caves.

Les occupants du parvis sont égorgés, certains sautent du haut des murs du Temple dans la ville et se brisent sur les pavés. Seul un groupe de jeunes aristocrates recule lentement, hérissé de piques, s'appuie au portique de Salomon et combat jusqu'à l'aube ; cernés, assaillis de toutes parts, ils sont expédiés sans merci à la hache et au glaive.

Le soleil qui se levait radieux, éclaira huit mille cinq cent cadavres froids qui couvraient le parvis des Gentils. Le sang sur les dalles lisses couleur d'ivoire, formait des rigoles qui se dégorgeaient sur Jérusalem morne d'épouvante (48).

Le pillage suivit l'assaut. Pendant que les Iduméens mettaient la ville à sac, les Zélotes cherchaient les deux Grands-Prêtres : Hanan et Jésus fils de Gamala.

---

48 — Plus de 120.000 litres de sang avaient été répandus sur une surface égale aux deux tiers de la place de la Concorde.

— Livrez-nous les traîtres qui veulent donner la Judée à Rome ! et font commerce du Temple ! Ce cri des patrouilles, répété de rue en rue, de maison en maison remplissait la cité.

Quelqu'un désigna le refuge des pontifes : un souterrain de l'Acra. Les deux prêtres furent égorgés immédiatement leur corps fut jeté aux chiens errants et aux vautours chargés de nettoyer la ville et les abords de la ville.

Outrage inouï : En Israël les plus misérables suppliciés recevaient une sépulture digne, le soir de leur mort… Qu'on songe au Christ descendu de la croix !

Qu'on songe aux Chrétiens, à saint Paul, à saint Pierre, recherchés sur la colline des Jardins par les fidèles !

Le sort des deux grands prêtres montre sur quel abîme de sang, la ville entrait en agonie. Avec Hanan disparaissait les suprêmes vestiges d'un pouvoir régulier susceptible de traiter diplomatiquement avec Rome. Alors les Zélotes déshonorèrent leur cause. La cruauté des fanatiques fut inouïe. Mêlés aux Iduméens ils parcoururent les rues, fouillèrent les maisons, tuant tout ce qui paraissait suspect. Les membres de l'aristocratie furent torturés effroyablement. On fermait la bouche avec du plomb fondu à qui ne voulait pas dénoncer, un père, un fils, un époux. Qui refusait de passer à la révolte périssait en des supplices qui secouaient de grands rires brutaux les hordes iduméennes.

Douze mille personnes succombèrent en ces horribles journées. Eléazar, impassible laissait faire.

Gorgés de rapines, las de tuer, les Iduméens reprirent les routes du Désert. Avant de partir, ils ouvrirent les prisons. Deux mille escarpes se joignirent aux fauteurs de meurtres.

Les massacres et les parodies de justice continuèrent.

Quelques mots imprudents perdirent Gorson, chef du parti de la conciliation. Il tomba, sous le sica des Zélotes, un soir où il rentrait chez lui, après avoir préconisé la concorde.

Nicolas, le Péraïte qui s'était illustré au défilé de Béthoron et avait contribué brillamment à la défaite de Cestius, fut arrêté. Traîné dans les rues, en vain montrait-il ses glorieuses blessures à la foule servile. Il mourut, torturé, appelant sur ses bourreaux la famine, la peste, la vengeance de Rome et souhaitant aux Juifs de s'égorger tous entre eux (Josèphe IV, chap. V) jusqu'aux derniers.

Les malédictions de l'héroïque soldat, reçurent leur accomplissement.

La discorde s'était glissée au camp d'Eléazar. Jean de Giscala après avoir soutenu les Zélotes avait constitué un tiers-parti. Lorsque les Iduméens quittèrent la ville, le chef avait sa bande armée, redoutable à qui contestait sa légitimité. Il jouissait d'une autorité indépendante qu'il employait à proscrire et à massacrer.

La Ville Sainte râlait sous une tyrannie double. Un troisième tyran lui était réservé.

Nous avons écrit, dans un chapitre précédent qu'une troupe de Zélotes s'était emparé par surprise de Masada, sur la mer Morte, et qu'elle tenait cette forteresse inexpugnable.

Simon ben Gorias (Schimeôn bar Giora, en hébreu) chef de bande, célèbre de l'Idumée au pays des Moabites, avait pris le commandement de Masada. Sa haute stature, sa force extraordinaire, son audace fougueuse en imposaient à tous. Il courait sur ses exploits des légendes terribles : Certains prétendaient qu'un jour, exaspéré par les mensonges de deux esclaves, il les avaient saisis de la main gauche et de la main droite, élevés à bout de bras et projetés sur le sol avec une telle violence que les deux misérables étaient morts sur le coup. Un harem de cinquante femmes le suivait dans ses aventures… Simon fut ainsi le dernier des patriarches !

Cette brute magnifique et forcenée organisa la guerre dans le sud. Il devint l'âme de la sédition. Quarante mille volontaires, quarante mille fauves, attirés par son renom avaient rejoint Masada. L'ensemble formait une horde effroyable et pittoresque où l'on retrouvait tous les types de l'Egypte, de la Palestine et de l'Arabie. Une cohorte de nègres, et trois centuries de déserteurs romains complétaient cette armée de forbans.

L'Idumée fut ravagée, laissée à sec comme un jardin sur lequel se sont abattus des nuages de sauterelles. Simon récupéra ce que les pillards avaient pris à Jérusalem.

Hébron fut brûlée. Gomorrhe connut pire que le feu du ciel. Dévorant, tout sur son passage Simon, par la Mer Morte et Bethléem, atteignit Jérusalem. Son harem le suivait.

Eléazar effrayé se porta au-devant de Simon. Il fut repoussé au premier contact. Mais quelques-uns de ses cavaliers surprirent le harem et emportèrent l'une des femmes du chef de bande.

Furieux, Simon organisa le blocus de la ville. Il crucifiait les Juifs qui essayaient de sortir. Après avoir coupé les mains à dix captifs ils les renvoya avec ce message.

« *Simon a juré devant Dieu de traiter ainsi tous les habitants de Jérusalem.* » Eléazar le savait homme à tenir parole... « *devant Dieu !* » ... Il lui rendit sa femme.

En possession de sa femelle le tigre déguerpit, mais revint quinze jours plus tard camper sur le Mont des Oliviers.

Le désespoir peut engendrer d'étranges décisions. L'aristocratie, les prêtres, les notables tremblaient devant Eléazar. Celui-ci tremblait devant Simon : Les premiers conçurent le dessein d'avoir recours à l'effrayant aventurier.

Les pontifes, présidés par Mathias se réunirent en conseil secret et, froidement, prirent la résolution de négocier. Mathias fut chargé de nouer l'accord et d'introduire les « *alliés* » jusque dans la haute ville. Le pontife se chargea de cette mission barbare et, un soir, la colline de Sion se trouva recouverte d'une étrange cohue qui parlait toutes les langues et portait toutes les défroques de la Méditerranée. L'armée de Simon venait au secours du Temple, « *Jérusalem se trouvait réduite à n'avoir plus d'autres ressources que la loyauté d'un chef de voleurs* » (Josèphe, IV, chap. IX).

La Cité Sainte tombait du brigandage pharisaïque et gouvernemental au banditisme de grand chemin. Évidemment c'était déchoir, mais était-ce pire ?

Titus allait remettre rudement Israël sur le chemin de ses Prophètes.

Chapitre IX

LE VOL DES AIGLES ROMAINES

À Rome « *l'assainissement* » avait provoqué des émeutes. Juifs, Grecs, Egyptiens, métèques des tous pigments et provenances étaient, d'instinct, les ennemis déclarés de la « *restauration romaine.* »

D'autre part :

« *La plebs ne haïssait pas les plus mauvais empereurs. Caligula, Néron, Commode, Caracalla étaient regrettés à cause de leur folie même. Ils prodiguaient à la plebs toutes les richesses de l'Empire ; et, quand elles étaient épuisées, la populace voyait sans peine dépouiller toutes les grandes familles, puisqu'elle jouissait des fruits de la tyrannie. De tels princes haïssaient naturellement les hommes de bien* » (49).

Galba, chef du « *faisceau* » ne fit que passer. Le nouveau César avait administré l'Aquitaine, la Haute-Germanie, l'Afrique, la Tarraconaise avec une inflexible probité. Il entendait gouverner l'empire avec la même rigueur de justice.

Il épouvanta la horde d'affranchis, de coquins et de parasites qui tournait jadis autour de Néron. Pour régénérer un monde, qui avait

---

49 — Montesquieu ajoute : « *En proie à tous des ambitieux, pleine de bourgeois timides, Rome tremblait devant la première bande qui s'approchait.* »

désappris toute vertu et ne demandait qu'à jouir, il fallait ou le glaive ou le temps (*France*, 1939-1940). La plèbe qu'il refusa de gaver de sportules, de secours, de jeux, se souleva. Les Juifs des Synagogues, les Grecs d'Ostie, payaient la rébellion.

> « *La moindre largesse, dit Tacite, aurait maintenu les soldats dans le devoir : Galba se perdit par cette sévérité antique et par une rigueur trop grande pour nos mœurs.* »

Et le génial historien porte sur le grand général cet admirable jugement :

> « *Supérieur à la condition privée tant qu'il y resta, il aurait été par tous jugé digne de l'Empire s'il n'eut été empereur.* »

On ne peut être, avec raison, plus méprisant pour les animales versatilités du populaire.

— J'enrôle mes soldats, je ne les achète pas ! répondit Galba aux centurions qui plaidaient la juste cause de l'armée. Cette réplique stoïcienne souleva les prétoriens. Il fut massacré en plein Forum. Il avait régné sept mois (Plutarque, *Galba*, XXI).

Othon dura quatre-vingt-huit jours. Il fut écrasé par les onze légions de Germanie que Vitellius trairaient derrière lui. Quatre-vingt mille hommes restèrent sur les champs de Bedriac. Othon se tua.

Avec Vitellius la canaille reprit les leviers de commande. Les Juifs, les Grecs, grouillèrent, insolents à nouveau dans les crasses de Subure et de la Porte Capène. Des orgies répugnantes, plus basses, plus crapuleuses que les orgies néroniennes, souillèrent Rome (50).

L'Empire s'émut de cette suite incessante de révolutions et de crimes. Quand les peuples sont tombés dans la boue, il leur en coûte cher pour en sortir ! (51).

---

50 — De Vitellius qui parcourait le champ de bataille de Bédriac ce mot cynique prononcé sur le corps d'Othon : « *Le cadavre d'un ennemi sent toujours bon, surtout si c'est celui d'un compatriote.* »

51 — Comment la France contemporaine, condamnée aux travaux forcés à vie par la satrapie républicaine, sortira-t-elle des fers et de la boue ? Quelques mois après avoir posé cette question, je réponds aujourd'hui : « *Par l'invasion !* »

C'est alors que l'armée songea à Vespasien.

Nous avons vu à l'œuvre le conquérant de la Judée. Ses triomphes en Bretagne l'avaient mis hors de pair. Partout il avait laissé le renom d'un général de valeur. Son intégrité ne le désignait pas moins à la pourpre impériale.

> « *Il était sorti si pauvre de son gouvernement d'Afrique que force lui avait été de vivre du commerce des chevaux* »
>
> (Tacite).

Aucun homme n'était plus capable de ressaisir Rome, de détruire les germes pernicieux de la démagogie néronienne. Tout concourait à le porter au pouvoir et l'aristocratie juive se rangea sous ses aigles.

Essayons d'expliquer clairement ce paradoxe :

1. La chute de Néron avait révélé à Galba et aux grands chefs militaires les insolents privilèges et la dangereuse puissance du Temple.
2. La révolte du peuple à Jérusalem risquait de détruire le régime pontifical et le pouvoir de l'aristocratie juive.
3. Ce n'était un secret, ni pour Murcien, qui commandait les légions de Syrie, ni pour Vespasien, ni pour les généraux romains, ni pour les satiriques, ni pour la haute société romaine, que Jérusalem cherchait à assurer son hégémonie.
4. « *Rome se targuait de n'imposer aucunes lois générales à ses conquêtes. Les peuples de l'empire, ne faisaient un corps que par une obéissance commune ; sans être compatriotes, ils étaient tous romains* » (Montesquieu).

Seuls, dans cet ensemble les Juifs restaient Juifs et se riaient du titre « *de Citoyen de Rome.* »

En conclusion, une menace effrayante planait sur Israël, pris en flagrant délit de complots contre l'Empire ! dispersion, esclavage pour les Juifs des Synagogues : croix et supplices pour l'aristocratie.

Il importait donc de faire preuve de loyalisme et de se servir des centuries pour mater la « *plèbe* » victorieuse en Jérusalem. L'aristocratie appela l'étranger. Murcien poussait Vespasien à s'emparer du trône. Tout ce qui avait nom et pouvoir en Palestine s'unit à Murcien. Et c'est alors que l'habile diplomatie d'Israël se précise et s'affirme. La plus intime, la plus persuasive des suppliantes fut Bérénice (Tacite, Histoire ; Suétone, Vespasianus) sœur d'Agrippa II. La belle Juive avait inspiré une noble passion à Titus. Ambitieuse, elle désirait sincèrement pousser le fils de Vespasien à vêtir la pourpre impériale ; elle rêvait de régner à ses côtés. Soutenue, en secret, par le Grand-Prêtre Hanam, elle n'épargna rien pour réussir. Fine, souple, d'un charme incomparable, elle envoûta Titus. Ensuite elle conquit à Vespasien les princes Juifs de la Syrie : tous alliés ou parents de sa famille. Elle étendit ses démarches aux contrées voisines ; l'Egypte lui céda, les Parthes eux-mêmes offrirent leurs cavaliers (52).

Si les Dieux n'avaient pas condamné Jérusalem, c'est par Bérénice que Jérusalem aurait été sauvée.

... Au camp de Césarée les courriers se suivaient, à cheval, en galères ; envoyés d'Italie, de Jérusalem, d'Egypte et d'Afrique. Ces retards et ces imbroglios servaient la double politique de Titus :

Laisser se décomposer la résistance dans la Ville-Sainte et rassembler ses légions d'Orient. Décider son père à monter au Capitole.

Les Juifs prisonniers, de Titus, acclamaient les Flaviens ! Josèphe répétait la prophétie de Jopatata.

> « *Bientôt, Vespasien, tu seras souverain seigneur de la terre, des mers et de tout le genre humain !* »

On fit intervenir les oracles de Delphes, ceux de Paphos et ceux du Carmel ; la Sibylle juive se déclara favorable... Alors, poussé par les hommes, guidé par les femmes, conseillé par les Dieux, Vespasien se fit proclamer Empereur par ses soldats, les conquérants du Monde !

Immédiatement Murcien marche sur Rome. L'armée du Danube le précède. La guerre civile éclate. Vespasien l'emporte.

Mais, à quel prix ! Crémone mise à sac ; quarante mille cadavres dans Rome : une épuration à la « *légionnaire* » ; le Capitole incendié ; la Transtevère et Subure pillées, Rome se régénère dans le feu et le sang. Vitellius est découvert par les vélites de Murcien, dans une loge de portier.

---

52 — Toutefois la complicité du Grand Prêtre rend suspects ces beaux sentiments. Il est dans la coutume juive d'introduire des Judith dans le lit des conquérants. Bérénice, près de Titus, aurait remplacé Popée près de Néron et les Juifs auraient été toujours les Maîtres de Rome.

Ils le traînent demi-nu, la corde au cou le long de la voie Sacrée. On le pousse aux Gémonies ; il est mis en pièces sur les escaliers capitolins et ses restes pantelants, traînés par des crocs, sont jetés au Tibre.

En Vespasien, Titus et Murcien, la Louve venait de retrouver ses fils.

> « *Vespasien régnait dès lors sans rival et bientôt sans conteste car Murcien sut tout lui concilier, ménageant les vaincus, ramenant la discipline dans l'armée, l'ordre dans Rome. Quand l'habile lieutenant vint à Brindes, avec le Sénat, recevoir le nouvel Auguste, il lui remit un empire épuisé de sang et d'or, mais dégoûté des révolutions* »
>
> (C. Fouard, *Les origines de l'Eglise*).

La Synagogue et les 350.000 sportulaires qui vivaient de chômage avaient « *pompé* » l'or de la Cité... La libération régénératrice avait pris son sang. On envoya les sportulaires travailler sur les routes de la Lyonnaise et de la Palestine. Et l'on décida de régler définitivement le sort d'Israël.

Titus avait persévéré dans sa politique d'attente et de conquête méthodique.

— Laissons, disait-il à Agrippa, laissons les furieux se détruire réciproquement dans Jérusalem. Nous ferions cesser leurs discordes en les attaquant. Jupiter est meilleur chef que moi ; il combat pour nous et nous les livrera épuisés, réduits à rien.

Pendant que Rome se débarrassait de ses sanies, Titus s'emparaient lentement de toute la Judée. Il refoulait les bandes qu'il ne détruisait pas, les rejetait au désert. Maître du littoral il reconquit la Moabitide, l'Ammonitide, la Trachonditite, tout le pays qui s'étend à l'est du Jourdain jusqu'à l'Arabie. Il occupa l'Idumée, puis remontant vers Jérusalem enleva une à une les places qui 'entouraient : Emmaüs, Lydda, Jéricho.

En juillet 69, la cavalerie de Titus poussait des reconnaissances et pratiquait des razzias jusque sous les murs de la Ville Sainte.

La pourriture sacerdotale avait déterminé dans la Cité des Tabernacles ce que la pourriture impériale avait produit dans la Ville des Césars : une espèce de société des Chiens de Constantinople ou le principe dominant est celui d'une anarchie dévorante.

Le Temple même était transformé en champ de bataille. Au sommet du Moriah, Eléazar et ses Zélotes occupaient la « *partie sacrée* » : sanctuaire, cours et parvis intérieurs. Jean de Giscala campait avec six mille partisans sur la vaste esplanade des Gentils. Simon tenait les hauteurs de Sion avec le *djich* de ses dix mille forcenés.

Ces trois garnisons retranchées dans leur quartier respectif, n'avaient d'autres soucis que de s'entre-détruire et d'autre passe-temps que de piller la ville.

Simon qui voulait rester maître de Jérusalem était le plus souvent l'agresseur. Il savait que la cité ne lui appartiendrait que le jour où le Temple serait enlevé par ses farouches soldats. Mais les remparts hauts de cinquante coudées et les rudes partisans de Giscala, rendaient inutiles tous les assauts : Simon et les vestiges du Sanhédrin reculaient régulièrement, poursuivis jusque dans la basse ville où le combat s'achevait en brigandage. Rançonnée, violentée, Jérusalem vivait sous un régime de terreur. Nul n'osait se plaindre car le moindre signe de découragement était puni de mort ou de flagellation.

Les premières pierres de catapultes que reçut le sanctuaire furent lancées, par les Juifs sur les Juifs. Un frisson d'horreur secouait Israël à voir « *la maison de Dieu* » souillée de sang et ses parvis jonchés de cadavres qu'on ne pouvait enlever.

Toutes les portes étaient farouchement gardées et la garde implacable. Qui tentait de fuir était immédiatement mis à torture et dépecé. Les quartiers du transfuge pendus aux crocs attestaient à la porte des Brebis et à la porte Essenienne, du crime de trahison.

Les chrétiens parvinrent à s'évader. Par saint Paul, par les survivants du massacre, réfugiés dans les catacombes, ils avaient su la part active que les Juifs de Rome avaient prise à leur persécution ; le sort de saint Etienne, celui de saint Jacques avaient creusé un fossé de sang entre eux et les Juifs de Jérusalem.

La prophétie du Christ revint à leur mémoire.

« *Quand vous verrez une armée environner Jérusalem sachez que sa désolation est proche. Alors que ceux qui sont en Judée s'enfuient dans les montagnes, et que ceux qui sont au milieu de Jérusalem s'en retirent, et que ceux qui sont dans les campagnes n'y rentrent pas. Car ce seront alors les jours de vengeance… Malheur à celles qui seront enceintes ou qui allaiteront en ces jours-là, car il y aura une grande détresse dans le pays et la colère fondra sur ce peuple. Et ils tomberont sous le tranchant de l'épée et seront amenés captifs parmi toutes les nations, et, Jérusalem sera foulée aux pieds par les Gentils »*

(Luc).

La prophétie était trop précise pour que chacun n'en reconnût le proche accomplissement. L'ordre fut mystérieusement donné de se tenir prêt à partir, un soir où Simon jetterait ses bandits sur Jean de Giscala ! La garde des postes et des remparts étaient alors moins rigoureuses et l'on pouvait passer, pendant l'égorgement.

Ce fut par l'une de ces nuits de meurtre que les Chrétiens quittèrent la cité maudite.

On suppose qu'ils passèrent par la porte Essénienne et par celle de Damas après s'être donné rendez-vous sur le plateau de Béthanie.

Une marche rapide les conduisit au Jourdain. Les Zélotes n'étaient plus à craindre car les légionnaires de Titus patrouillaient le long du fleuve. Néanmoins, conduite par ses chefs, la paisible caravane continua de s'éloigner d'une ville que la débauche des prêtres et le fanatisme des Zélotes avaient peuplé de bêtes malfaisantes et furieuses.

Ils atteignirent la Décapole. Et après cinq jours d'étapes faciles, arrivèrent à Pella que les pasteurs avaient indiqué comme lieu de refuge et de rassemblement (53).

Pella n'était pas tenu par une garnison romaine mais la cavalerie de Titus poussait des pointes, jusqu'à ses sources, et assurait ainsi la tranquillité dans la région. Son admirable position sur une terrasse, élevée de mille pieds, au-dessus du Jourdain ; ses eaux fraîches et abondantes

---

53 — Actuellement Kharbet-Fahil. Les vastes ruines de l'antique Pella couvrent d'immenses plates-formes au-dessous de laquelle jaillit un ruisseau. Celui-ci n'est plus canalisé. Les nymphées romaines sont détruites. Les seguias, divisées en ruisselets, après avoir arrosé les vergers et les jardins, se répandent dans une vallée fertile mais fiévreuse qu'elles transforment en marécages. Dans des épais fourrés de lauriers roses, de roseaux, de cactus, de saules, de nombreuses hardes de sangliers ont établi leurs bauges.

qui bondissaient jeunes et joyeuses dans les ravins d'alentour, faisaient de la petite ville un séjour d'enchantement et de bonheur !

L'agrément de la cité avait attiré les vétérans d'Alexandre. Elle demeurait paresseusement syrienne et païenne : les réfugiés trouvèrent en ses murs preux, tolérance et liberté.

Du plateau de Pella les Chrétiens, dont les plus âgés se rappelaient l'atroce passion du Christ, les martyres d'Etienne et de Jacques, les persécutions de Paul et de Pierre en un mot les crimes du Temple : des hauteurs de Pella les fugitifs purent contempler l'agonie terrible de Jérusalem.

Venant de Tibériade, l'on entendait passer les auxiliaires romains de la Gaulanitide ; les cohortes descendaient de Damas et polissaient devant elles le matériel de siège ; ce bruit de torrent de la cavalerie, ce martèlement saccadé des légionnaires ; le roulement des machines et la houle des aigles, annonçaient la Fin.

Si l'héroïsme est rédempteur, le peuple de Jérusalem, par son sacrifice a mérité le pardon. Abandonné par ses pontifes, trahi par son aristocratie et sa bourgeoisie, il demeura fidèle à sa ville et à sa foi. Il l'ensevelit sous les ruines de son Temple et sous les cendres de sa Cité. Vaincu, il fut traité par l'histoire en révolté, vainqueur il eut mérité la gloire.

Jamais Rome, même au temps des guerres puniques, même en Gaule, devant Carthage ou sous Alésia, n'eut pareils assauts à soutenir.

Chapitre X

La Jérusalem massacrée
– Le « *Triomphe* » de Titus –

... Césarée regorgeait de troupes en armes. À chaque moment l'on entendait sonner les trompes ou appeler les buccines. C'était une nouvelle cohorte qui débarquait des trirèmes d'Égypte, ou quelque parti de cavaliers arabes qui rejoignait le camp. Sur des chariots passaient des boucliers, des tentes, des piques, des cuirasses lamées d'airain. Les cours étaient pleines de femmes qui déchiraient de la toile ou qui empennaient les flèches.

Trois légions, celle de Vespasien, la 12e arrivée d'Antioche, ardente à venger sa défaite et la perte de son aigle, étaient concentrées, prêtes à marcher à l'ennemi.

— C'est sans doute, un Dieu, dit Végèse qui inspira aux Romains, la légion : Titus, arrivé d'Alexandrie, à la fin de l'hiver, avait jugé nécessaire de constituer fortement les quatre unités qui formaient « *la place de guerre* » de son armée. Il les dota d'armes offensives et défensives, plus fortes, plus pesantes que celles des peuples syriens [54].

---

54 — Les armes d'ordonnance étaient pour les légionnaires, le grand bouclier, *scutum*, le casque, *galea*, la cuirasse, *lorica* ; quant aux armes offensives, c'étaient l'épée courte, *gladius*, le javelot, *pilum* ou la pique, *hasta*.

Mais, comme un corps de troupes, pesant, manque de mobilité il voulut que chaque légion contint, derrière son rempart de cuirasses et d'épées espagnoles, des groupes légers qui pussent engager le combat et, si la nécessité l'exigeait, s'y retirer. Si Cestius avait pris de telles précautions il n'aurait pas subi le désastre dont s'enorgueillissait Israël. Titus incorpora dans cette infanterie lourde, une cohorte de cavalerie, quatre centuries d'hommes de traits et de frondeurs, dont la mission était de poursuivre les fuyards et d'achever la victoire.

Cinq mille cavaliers d'Arabie, les meilleurs du monde, fournirent les patrouilles de flanc et la tête d'avant-garde. Vingt cohortes des villes syriennes formèrent l'infanterie mobile de cette armée de 80.000 hommes, destinée à réduire Jérusalem. La grosse cavalerie se composait de deux milles gardes couverts par des lames de bronze vermeil, comme des Cinabres assyriens. Quatre cents archers parthes, à cheval, avec leur bonnet en peau de chacal, leur hache et leur tunique de cuir étaient adjoints à cette grosse cavalerie, pour protéger la retraite ou harceler les fuyards.

Dans une enceinte de talus, veillées par des vélites lances au poing, les machines de guerre — l'artillerie de la légion — poursuivaient leur effrayant sommeil. Elles se réduisaient à deux systèmes : les unes agissant comme des frondes, les autres comme des arcs.

Les premières, les catapultes se composaient d'un châssis carré, de deux montants verticaux et d'une barre horizontale. À leur partie antérieure, un cylindre muni de câbles retenait un gros timon qui portait une énorme cuillère à projectiles. La base en était prise dans un écheveau de fils tordus quand on lâchait les cordes, le timon se relevait et venait frapper contre la barre, ce qui, l'arrêtant par une secousse terrible, multipliait sa vigueur.

Les secondes présentaient un mécanisme plus compliqué encore. Sur une petite colonne, une traverse était fixée par son milieu où aboutissait, à angle droit une espèce de canal. Aux extrémités de la traverse s'élevaient deux chapiteaux qui contenaient un entortillage de crins ; deux poutrelles y trouvaient prise pour maintenir les bouts d'une corde que l'on amenait jusqu'au bas du canal de rainures, sur une tablette de bronze. Par un ressort, cette plaquette de métal se déplaçait, et poussait les projectiles : la baliste était une mitrailleuse à flèches et à sagaies, à javelots.

Les légionnaires appelaient les catapultes, « *des onagres* », parce que les ânes sauvages lancent des pierres avec leurs pieds ; et les balistes, « *des scorpions* », parce qu'un crochet dressé sur la tablette et qu'abaissait un coup de poing, faisait partir le ressort.

La construction des machines avaient été l'objet de savants calculs et leur bois choisis parmi les essences les plus dures du Liban : chênes, térébinthes et oliviers. Leurs engrenages étaient d'airain ainsi que leurs roues. Elles se bandaient avec des leviers, des moufles, des cabestans où des tympans mis à l'épreuve par des exercices journaliers. De forts pivots variaient la direction du tir, des cylindres étaient prévus pour les faire avancer sur un terrain détrempé, et les plus considérables, les plus puissantes, pouvaient être remontées, pièce à pièce face à l'ennemi.

Chaque homme avait reçu les quinze jours de vivres et les vingt kilos de charge réglementaire.

Tout était prêt pour le départ. Et cependant, Titus attendait ? Plus politique, moins rude que son père, il le valait pour mener une armée et l'emportait en diplomatie ou dans l'art de conduire un siège. De vaillants officiers le secondaient et les Juifs de marque se trouvaient dans son camp. Agrippa II, Tibère Alexandre, qui remplissait le rôle de préfet du prétoire, poussa la trahison plus loin que Josèphe. Sans souci des convulsions de son peuple, celui-ci passait sa lune de miel au camp de Titus avec une belle Gréco-égyptienne.

Cet état-major juif renseignait le général romain et avait ses affiliés à Jérusalem (55). Quand de si puissants personnages trahissent, l'Histoire ou plutôt les cuistres qui l'écrivent, enseignent que ces traîtres ont mérité de la Patrie.

... Titus attendait la Pâque.

Cette fête fut précédée d'une sorte de trêve entre les trois factions qui se disputaient la ville. Les Juifs en profitèrent pour accourir de toutes parts aux cérémonies du Temple. Cinq cent mille pèlerins campaient hors les murs. Toute la Judée occupait les Monts de l'Offense, du Mauvais Conseil et des Oliviers.

---

55 — Léon Rénier, *Mémoire sur les officiers qui assistèrent au Conseil de guerre tenu par Titus, avant l'assaut.*

Brusquement Titus porte ses avant-gardes à Gahaath, Saul de Samarie où toute l'armée a reçu l'ordre de se concentrer...

Le général se jette en avant avec deux cents arabes, deux cents parthes et deux cents romains, à cheval, pour reconnaître la place. La multitude se précipite à l'intérieur de la cité, les trompettes d'argent du Temple, appellent la défense aux remparts et, lourdes, les portes, abaissent leurs ventaux, barrés de chaînes.

La révolte juive était enfermée dans Jérusalem, mais Titus faillit périr en cette journée. Il avançait sans méfiance, préoccupé tout simplement de l'affolement que jetait parmi les campements juifs, l'arrivée de la cavalerie romaine Il n'avait pas remarqué un parti de Zélotes commandé par Eléazar, qui s'était infiltré par le Cédron jusqu'au tombeau de la Reine d'Adiabène.

... Pendant que les Arabes et les Parthes « *fourragent* » autour de la ville, les Zélotes surgissent ; une nuée de juifs embusqués dans les jardins les appuie. Titus se trouve séparé de son escorte. Fort heureusement ses deux cents Romains peuvent se former en triangle et s'enfoncent dans la cohue ;

Titus lance son cheval au travers de la mêlée, se fraie un passage sanglant, et rejoint ses cavaliers sous une pluie de flèches qui blesse sa monture.

Deux jours plus tard la 10e légion, qui a reçu comme objectif le Mont de Oliviers, arrive la première et dresse les peaux de cuir de son campement. Même surprise et même guérilla. Cette fois c'est de Gethsémani que part l'attaque et de la vallée de Josaphat que montent les assaillants. Ils enveloppent le plateau, attaquent de flanc et de face, submergent les défenseurs sous leur grouillement furieux, sans cesse renforcé ! Titus a vu le péril. Il accourt lui-même à la tête des deux mille gardes, rallie à grand'peine les légionnaires et doit combattre jusqu'au crépuscule... A la nuit tombée, entourant la litière où Eléazar, gît gravement blessé par un chef de cohorte, les Zélotes repassent la porte des Brebis, en chantant les psaumes de Josué !

... L'intrépidité des Juifs dans ces premières escarmouches, leur audace dans l'attaque, leur rapidité de manœuvre, annonçaient une rude guerre. Vainement Titus et l'aristocratie juive avaient compté sur les dissensions entre assiégés.

Toute discorde était tombée dès que les aigles païennes avaient été signalées des hautes tours de l'Antonia. Eléazar, Jean et Simon, réunis en conseil de guerre, s'étaient mis d'accord, pour préparer la sortie et tomber ensemble sur la 10ᵉ légion. La blessure d'Eléazar réduisait à deux les factions qui se partageaient Jérusalem. Les Zélotes se rallièrent à Jean de Giscala qui resta seul maître de la Ville, avec Simon, retranché sur les hauteurs inaccessibles de Sion.

— Jérusalem est imprenable ! criaient sur les remparts, le peuple juif en armes. Et les Juifs n'avaient pas tort.

Le nord de la ville était le seul côté par où cet isthme de montagnes abruptes était vulnérable. Partout ailleurs les murailles et les tours hautes de cinquante, soixante ou soixante-dix coudées, dominaient des gorges dont le fond était à peine visible.

La ville disposée par étages, par paliers verticaux, sur une série de monts fortifiés, était considérée comme l'une des places les plus redoutables de l'Antiquité.

Du sommet du Scopus, où Titus avait établi ses services d'hôpitaux, elle apparaissait coupée en deux par la ravine du Tyropheon qui commence à la Tour des Femmes (porte de Damas) et se perd, sous la piscine de Siloë, à l'embranchement des vallées d'Hinnam et de Josaphat.

À l'est le Mont Moriah, base de la citadelle d'Antonia et du Temple, dominait la ravine ; à l'ouest Sion, l'antique cité de David, l'écrasait de toute la masse de ses gradins et de ses contreforts gigantesques.

Le quartier de l'Acra, entouré de remparts, défendait l'approche et la base des hautes forteresses. Devant lui, en direction nord, s'accroupissait le vaste faubourg de Bézétha, qu'Agrippa avait entouré d'une enceinte légère. Rome se défiant de l'avenir avait interdit aux princes juifs de bâtir des remparts capables de préserver le faubourg d'un siège à la Romaine… C'était de sage prudence.

Titus devait donc enlever cinq places fortes, une par une : Bézetha, l'Acra, l'Antonia, le Temple, Sion !

Le général, alerté par les premiers engagements, ne négligea rien pour prévenir de nouvelles surprises et préparer l'assaut.

Des vergers entourés de murailles basses, un oasis d'abricotiers, de figuiers, d'oliviers, de pistachiers, de chênes verts, de pins et de palmiers sauvages, séparait les murs de la ville, du Scopus où campaient les trois autres légions avec le matériel de siège. Arbres et jardins fleuris, emplis de chansons et des pétales du printemps, gênaient les opérations militaires et favorisaient les embuscades. À la hache, au rouleau, par le feu et la pioche, Titus fit tout niveler. Les archers parthes et d'Arabie, les gardes à cheval enveloppaient les pionniers d'un impénétrable réseau de défense.

Libres de ses mouvements sur cette esplanade de deux kilomètres, il fit avancer la 12e légion et installa son quartier général, à la Tour Pséphina. Élevée de soixante-dix coudées elle commandait l'angle sortant que formaient les remparts de Jérusalem, au nord-ouest. Une autre légion se retrancha à hauteur de la tour d'Hippicus... La 10e se fortifia au mont des Oliviers et la 4e resta en réserve sur le Scopus.

Titus connaissait la faiblesse de l'enceinte d'Agrippa. Néanmoins son état-major juif lui conseilla d'agir en forces. Il disposa les plus grandes catapultes face aux angles principaux : Tour du Coin, Tour des Femmes, Tour Pséphina, Tour de Jaffa. Devant chaque porte il installa, ses balistes, servies par des carrobalistes que protégeaient de hauts boucliers. Mais il fallait garantir les pièges de siège contre le feu, les traits et les sorties des assiégés.

Trois chaussées de terre, maintenues par des gabions d'arbres s'élevèrent rapidement jusqu'au niveau des murailles. Les légionnaires roulèrent des tours mobiles qui permettaient d'approcher les béliers aux têtes d'airain. On avança des galeries en claies de joncs verts et de cintres de chêne, pareils à d'énormes scutum bardés de fer, qui glissaient sur trois roues ; de petites cabanes couvertes de planches et de peaux fraîches abritaient les travailleurs contre les flèches et les javelines ; les catapultes et les balistes, furent défendues par des rideaux de cordages que l'on avait trempés dans du vinaigre pour les rendre incombustibles ; par des haies de jujubiers épineux, et de lentisques ; par des trous à loup, plantés d'épieux et de crocs acérés.

Quand tout fut prêt, au quatorzième jour du siège les pierres des catapultes écrasèrent Bézétha et les béliers entrèrent en action. La résistance fut aussi vive que l'attaque. Les Juifs inhabiles au maniement des balistes, cherchaient la lutte corps à corps et se précipitaient en torrents humains sur l'ennemi. Plus d'une fois les légions plièrent devant ces sortie furieuses où excellaient les Zélotes et les sauvages auxiliaires de Simon. Les catapultes de la Tour du Coin furent brûlées, une tour de guerre s'écroula avec tous ses défenseurs, dans les flammes que Jean de Giscala avait allumées à sa base.

Les béliers n'en battaient pas moins de leurs coups sourds et réguliers l'enceinte d'Agrippa en plein centre. Le quinzième jour, trois têtes d'airain ouvrirent la muraille — 12ᵉ légion, en avant toute l'armée romaine passa. Epuisés par deux semaines d'efforts sanglants et de veilles incessantes, les assiégés avaient évacué l'enceinte de Bézétha. Ils se retranchèrent dans le quadrilatère de l'Acra et la citadelle Antonia.

La brèche fut moins longue à pratiquer. Titus fit protéger les béliers par les tours roulantes et par des tollénones. De longues poutres se dressèrent qui portaient à leur extrémité une immense corbeille de cuir où avaient pris place, par groupes de trente, les meilleurs archers de l'armée romaine. Cent tollénones dominèrent bientôt les créneaux de Jérusalem comme de monstrueux vautours ; et les Arabes riaient de voir les défenseurs des remparts tomber sous les dards de leurs flèches empoissonnées.

Le cinquième jour, face au Golgotha qui domine l'Acra le rempart s'ouvrit et le massacre de rue commença.

Menée par la 12ᵉ légion et les sauvages cohortes syriennes, la lutte fut effroyable. Par-dessus la voix des centurions la sonnerie des buccins appelait toute l'armée romaine. Les boules de plomb des frondes, les amandes d'argiles passaient dans l'air, sifflaient des terrasses, partaient des portiques, faisaient sauter les épées et les cervelles. Les blessés juifs s'abritaient d'un bras sous leur bouclier, tendaient leurs glaives en appuyant le pommeau sur le sol ; les sicaires rampaient le sica au poing, tranchaient des jarrets et retombaient les reins cassés par le coup de hache d'un pionnier ; on en vit se retourner dans des mares de sang et mordre aux jambes les syriens. La multitude était si compacte, la poussière si épaisse, le tumulte si violent, qu'il était impossible de distinguer les abords du Temple. Les morts restaient debout soutenus par les vivants ; les défaillants, les blessés qui offraient de se rendre n'étaient pas entendus, les têtes roulaient sur les pentes et les mains coupées volaient sur le corps à corps qu'elles bénissaient de sang. Désarmés, Romains et Juifs s'enlaçaient, s'étreignaient dans une lutte mortelle. Les poitrines nues des Zélotes craquaient contre les cuirasses ; et, les cadavres pendaient tête en arrière sur deux bras crispés. Plutôt que de se rendre, une compagnie juive traquée sur le pont central, tendit la gorge aux épées. Une centurie de la 12ᵉ légion cernée dans le ravin du Tyrophéon, fit le cercle, fermes sur leurs jarrets derrière leurs grands boucliers de bois recouverts de fer et de cuir, les Romains, la pique devant les yeux, tinrent jusqu'au soir, jusqu'à l'arrivée torrentielle de dix mille légionnaires qui poussaient vers le temple les Juifs couverts de blessures et rugissant comme des tigres.

Toutes les maisons de l'Acra brûlaient, sur les cadavres entassés dans les cours et dans les ruelles étroites. Il avait fallu faire le siège de chaque demeure, poursuivre sur les terrasses les défenseurs qui retraitèrent lentement, jusqu'aux portes du Temple et de Sion qui s'ouvrirent pour les recevoir.

Les deux lignes d'enceinte si difficilement enlevées dans ce Saragosse juif ne livraient aux Romains, que la partie inférieure de la Cité. Toute la ville haute hérissée de lances et de casques, restait à conquérir.

Robustes, sur leurs roches cyclopéennes, Sion, le Temple, l'Antonia dressaient leurs citadelles invaincues d'une élévation, d'un escarpement à décourager les plus téméraires. Les soixante tours de Sion, lisses, disposées en saillants et rentrants, crénelées à des hauteurs qui, défiaient les échelles et les tollénones, étaient inabordables. En face, le Temple et son enceinte de quinze cents mètres, fortifiée plus soigneusement encore, semblaient invincibles aux coups de béliers, interdits aux assauts.

Passer immédiatement à l'attaque eut été folie. Titus permit la « *Trêve des cadavres* » et accorda quelques jours de relâche à ses troupes. Il en profita pour les passer en revue et payer la solde.

Son vrai dessein était de rendre aux légions confiance en elles-mêmes, en les faisant spectatrices de leur propre force, et d'émouvoir Jérusalem. De nouveaux renforts étaient arrivés de Damas et de Césarée. Ils comblèrent les vides que les assauts avaient creusés dans les cohortes syriennes. Quelques escadrons arabes rejoignirent.

Ce fut sous les murs mêmes du Tempe que Titus passa la revue des Aigles, sous les yeux d'Israël en armes.

Les légions étaient massées en carrés : Vexiliaires répartis sur le front. Au fond des intervalles on distinguait les cohortes de Syrie, plus loin les grands casques polis des gardes à cheval, avec des fers qui brillaient au soleil, des cuirasses qui jetaient de brusques appels de lumière, des étendards agités sur une forêt de piques, immobiles. La cavalerie des Parthes et des Arabes galopait autour de cette forteresse vivante de pourpre et de fer, l'enchantaient d'un tourbillon de manteaux blancs, rayé par les éclairs des lances. Et quand l'armée se mit en marche pour défiler, ils s'évanouirent comme des ombres dans un nuage.

Au milieu des cohortes se hérissait la garde des aigles : des carrés pleins ayant seize hommes de face. Tous les chefs de toutes les files apparaissaient entre de longs fers aigus qui les débordaient inégalement, car les six premiers rangs croisaient leurs lances en les tenant par le milieu, et les dit rangs inférieurs les appuyaient sur l'épaule de leurs compagnons qui se succédaient devant eux.

Les figures bronzées par le soleil aride de Palestine, disparaissaient de trois quarts mangées par le rebord des casques ; les jambières de bronze couvraient les tibias ; les scutum descendaient jusqu'aux chevilles et cette grande masse rectangulaire remuait, vivait d'une seule pièce, semblait fonctionner comme une machine à écraser les villes et les peuples, sous son piétinement.

L'armée défila pendant deux heures. Après les légions vinrent les soldats armés à la légère, avec des boucliers de peau de buffle d'où dépassaient les pointes des javelines qu'ils tenaient dans la main gauche. C'étaient les cohortes de Syrie ; et les Gardes aux manteaux pourpres, relevaient d'une mouvante broderie cette muraille de soldats en marche.

En silence les Défenseurs de Jérusalem, rassemblés sur les tours de l'Antonia et les remparts du Temple, regardaient. Mais quand le dernier légionnaire eut défilé, personne n'osa parler de reddition.

Titus envoya Josèphe en parlementaire. Il était porteur d'honorables et humaines propositions. Magnanime, le fils de Vespasien-Empereur accordait aux Juifs, les honneurs de la guerre, la liberté, les biens et la vie sauf, sous condition qu'ils reconnaissent l'autorité de Rome, de leurs Princes, de leurs Prêtres. Ces deux dernières conditions sont significatives du rôle que l'aristocratie et la riche juiverie jouaient au camp romain.

Ce furent Simon et Jean de Giscala qui reçurent Josèphe. Eléazar était à l'agonie. Ils reprochèrent au parlementaire sa trahison, couvrirent Titus de sarcasmes et rompirent les pourparlers. Josèphe quitta le Temple sous les rires et les huées de son vieil ennemi de Giscala.

Cette insolence fit sortir Titus de son naturel. Il appliqua dans toute leur horreur les effrayantes lois de la guerre en cette époque d'airain. On méprisait sa générosité. Il essaya de la terreur.

Chaque nuit des Juifs affamés sortaient par les crevasses qui communiquaient avec les souterrains et les catacombes de la ville. Ils allaient déterrer quelques racines ou légumes dans les jardins. Titus les fit traquer et saisir. Chaque matin plusieurs centaines de ces malheureux furent cloués en croix aux regards des assiégés... Jérusalem contemplait cette effrayante exécution, ces être évanouis que ranimait la fraîcheur du matin et qui hurlaient sur leurs échafauds pendant que Sion, ses remparts, Jérusalem et son Temple paraissaient tourner devant leurs yeux d'insensés, comme une immense roue ! (56)

> « *On ne s'arrêta que lorsque le bois et la place manquèrent pour les gibets ! Exaspérés. les Juifs repoussèrent toute nouvelle avance. Il fallut revenir aux lents travaux du siège et attendre ce qu'ils donneraient contre des forteresses hors d'atteinte.* »

Du côté de la défense on monta des troncs d'arbre, des meules, des vases pleins de soufre, des cuves débordantes d'huile et l'on bâtit des fourneaux. On entassa des pierres sur la plate-forme des tours et les maisons qui touchaient immédiatement aux remparts furent bourrées avec du sable pour les affermir et augmenter leur épaisseur. Le pont qui reliait le Xystus au Temple fut anéanti. On arma tout ce qui pouvait se battre, chacun eut son poste et son emploi. Les charpentiers, les armuriers, les forgerons furent préposés aux machines.

Du côté de l'attaque, les béliers reprirent leur travail lent et têtu. Soixante-dix légionnaires tiraient des cordes disposées à la base d'un tronc gigantesque, horizontalement suspendu par des chaînes qui descendaient d'une potence : une tête de bélier toute en airain la terminait. Elle était ordinairement emmaillotée de peaux de bœuf ; des bracelets de fer cerclaient l'immense poutre longue de cent-vingt coudées. Sous la foule des bras nus qui la poussaient et la ramenaient au rythme commandé par une décurion, elle avançait, reculait avec une oscillation régulière, et s'enfonçait dans le ventre des murailles.

---

56 —Josèphe, v, chap. XI : Mais, connaissant la droiture et la fière bonté de Titus, l'on est en droit de se demander à quelle influence pharisienne il obéit.

Des créneaux glissèrent des nœuds coulants. Ils se nouèrent au cou des béliers. Les légionnaires se cramponnant à la poutre tiraient en arrière ; les Juifs hâlaient pour la faire monter. La lutte durait jusqu'à l'intervention des archers parthes et des tollenones.

Des crampons lancés par des balistes arrachaient le toit des cabanes qui protégeaient les machines. Alors les créneaux s'ouvraient, vomissaient comme des gueules de dragons des feux violets et rouges, des fumées vertes et sifflantes ; le bitume s'attachait aux tuniques, le plomb liquide sautillait des casques sur les cuirasses, creusait des trous dans les chairs. Des centurions tout jaunes d'huile bouillante, continuaient de donner des ordres et roulaient soudain sur le sol bouche ouverte, bras écartés. Alors les frondeurs, les archers arabes et syriens intervenaient, à nouveau refoulaient les Juifs des remparts, pendant que les plus robustes des légionnaires lançaient des pots-à-feu remplis de poix et de soufre au-dessus des murailles !

Titus, combattit comme un simple soldat, de vingt flèches, il abattit vingt Juifs (Suétone).

Enfin, deux chaussées s'élevèrent en face de Sion ; deux autres se dressèrent devant l'Antonia. Ces ouvrages avaient coûté dix sept jours de travail opiniâtre et semblaient définitifs.

Soudainement, les levées de bois et de pierre, les redans blindés de fer, les tours qui menacent l'Antonia s'écroulent dans une explosion sourde de volcan et des fumées de solfatares ?... Jean de Giscala a miné le sol, au-dessous de l'enceinte romaine, rempli les galeries de soufre, de poix, d'huile, de salpêtre ! Tout s'abîme, homme et choses dans un brasier dévorant. Les Romains reculent, des troncs humains sortent de terre, hurlent, rongés par les fournaises souterraines ; pâles les rudes soldats de Rome contemplent le désastre, sur les tours inviolées les Juifs crient leur triomphe et rendent grâce à Jéhovah.

Deux jours plus tard, les hordes de Simon se jettent sur les aggeres qui bloquent Sion. L'épée d'une main des torches ou des pots-à-feu de l'autre, ils portent l'incendie et la mort avec une telle fureur, que les Romains, enveloppés de flammes abandonnent les catapultes et reculent poursuivis jusque dans leurs cantonnements.

Titus dut faire charger la garde à cheval pour dégager le plateau de l'Acra.

Ce double échec laissait le général dans une situation précaire. Ses machines de guerre étaient anéanties et ses soldats murmuraient entre eux, le cri que poussaient les Juifs : — Jérusalem est imprenable !

Mais la fureur d'Israël ne pouvait triompher de la ténacité romaine. Titus après avoir tenu un conseil de guerre, décida de reconstituer les machines de siège et d'attendre de la famine ce qu'il ne pouvait obtenir d'un assaut (Josèphe, v, p. 4, 6).

Pendant que la cavalerie patrouillait autour de la ville, coupait les pistes, barrait les routes : les légions élevaient à deux ou trois stades des positions juives, hors de portée des traits et des travaux de galerie, le mur sinistre dont le Christ avait prévu le fatal achèvement.

> « Des jours viendront sur toi, où tes ennemis t'entoureront de tranchées et te serreront de toutes parts et te renverseront par terre, toi et tes enfants au-dedans de toi, parce que tu n'as pas connu le temps où Dieu t'a visité »
> (Luc).

Après Rome, Jérusalem payait les fautes de ses gouvernants. Au reste, il est bon que les peuples paient l'arriéré de crimes et de cupidité qu'ils laissent au compte de leurs tyrans ou de leurs élus. Cette « *bourgeoise timide* » dont parle Montesquieu et cette plèbe grossière ne peuvent se régénérer que dans le malheur... Elles ignorent la force de la raison, la lumière de l'idée (*France*, 1940).

... Les légionnaires heureux d'un labeur sans danger dont il prévoyait le sûr et plein effet, montaient l'immense muraille avec une rapidité prodigieuse. « *La main de Dieu les poussait.* »

En trois jours un rempart de pierre, de troncs d'arbres et de terre, long de 39 stades (7.800 mètres) entoura Jérusalem. Cette muraille de Chine s'appuyait à la tour Pséphina, traversait Bénétha et le Cédron, gravissait les escarpements du ravin, encerclait le Mont des Oliviers, le Mont de l'Offense et se terminait au Mont du Mauvais Conseil. De nombreuses redoutes la fortifiaient sur cette face ; une surprise des Zélotes, venant de la Mer Morte était toujours possible. Il fallait y parer (Josèphe, XII, 2).

Alors, ce fut l'agonie de Jérusalem. La fièvre de la faim, désorganisa les cerveaux.

Ce qui restait de vivres était aux mains des défenseurs. Cette foule multipliée par la Pâque, implorait vainement un peu d'orge ou de blé. Qui tentait de sortir était supplicié par les Arabes ou tué à coup de flèches par les Parthes. On se jeta sur les peaux de bêtes, le cuir des boucliers, les excréments des animaux. Les égouts furent avidement fouillés, la rage de manger avait éteint tout sentiment, toute retenue, entre époux et femme, entre mère et enfants ; on s'arrachait la moindre nourriture, on se battait à mort autour d'un rat crevé (Josèphe, VIII, 7). Les Zélotes, les bandes de Jean et de Simon, regardaient froidement mourir le peuple.

À cette foule affamée le trépas devint une délivrance. Des fantômes titubaient et s'écroulaient au soleil pour achever de mourir. Les maisons s'emplissaient de cadavres jusqu'aux toits, les rues, les ruelles, les places en étaient couvertes.

> « Au rapport d'un transfuge plus de cent mille corps avaient été inhumés en deux mois et demi. Les fossoyeurs étaient morts, les bras tombaient d'épuisement, l'argent… ou la nourriture manquaient, pour payer cette macabre besogne. On en fut réduit à jeter les corps squelettiques et creux, du haut des remparts, dans les crevasses que dominent Sion et le Temple. Ils s'entassaient dans les gorges, pourrissaient sur les roches. Titus passant près de ces charniers en fut ému, les mains au ciel, il prononça ces mots : — Ces horreurs ne sont pas mon œuvre. J'ai proposé la paix. »

(Josèphe, XII, 3, 4).

Il convient de rendre justice au magnanime vainqueur de Jérusalem : il n'avait rien négligé pour conjurer les malheurs qui s'abattaient sur la cité. Mais qu'obtenir d'une ville qui ne voulait plus retomber sous le joug de prêtres dissolus et que des fanatiques conduisaient à l'extermination ? Quelques aristocrates, Mathias et quelques pontifes penchaient pour une capitulation. Leurs amis et leurs égaux étaient dans le camp romain. Surpris à correspondre avec Agrippa, ils furent exécutés sans sursis ni pitié.

Mathias sollicitait la grâce d'être égorgé avant ses fils. Jean et Simon refusèrent.

> « Une aveugle croyance s'était emparée de ces illuminés : ils étaient persuadés que Dieu n'abandonnerait pas son Temple ; y fallut-il des prodiges ! Cette foi ardemment propagée avait pris un tel empire sur les âmes que beaucoup, qui eussent pu fuir, s'y refusèrent. Ils attendaient sur la montagne sainte le grand miracle. »

(Josephe VI. II, 1).

Étrange superstition, épouvantable orgueil d'un peuple auquel les prêtres ont enseigné qu'il vient de Dieu pour mieux abuser de ses naïvetés, de sa bonne foi et de son activité...

Titus ordonna la reprise des travaux d'approche et le renforcement des aggeres. Tous les arbres avaient été coupés aux alentours de Jérusalem. Il fallut aller chercher des poutres à 90 stades de la ville, dans les jardins de Jéricho et de Bethanie. La hâte d'en finir, avec l'héroïque défense de ce peuple épuisé, triompha de tous les obstacles. Trois semaines plus tard, quatre chaussées supportant dix tour, atteignaient la cime de l'Antonia.

Les Juifs essayèrent d'une sortie en masse pour incendier les ouvrages. Affaiblis par la faim, ils furent massacrés, repoussés sur leur base de départ et bloqués dans le corps de place. La résistance ne dura que quatre jours ; harcelés sans cesse, attaqués sans relâche, harassés par le manque de sommeil, épuisés par les privations, ils se laissèrent surprendre par la 11e Centurie de la 12e légion dans la nuit du 5 juillet. L'Antonia prise, ses défenseurs se laissèrent égorger dans un halètement de fatalisme et de surhumaine lassitude.

Titus démolit la forteresse à coups de béliers et de catapultes, puis, la fit immédiatement raser pour établir les nouvelles machines de guerre débarquées d'Egypte et venues de Damas.

Il touchait enfin à ce Temple où frémissait dans le délire toute la vie restée à Jérusalem ! Et les légionnaires pensifs considéraient avec une crainte superstitieuse que matait la discipline romaine, cette forteresse refuge d'un Dieu qui se disait l'Unique !

La faim, avait fait également son œuvre autour des Tabernacles ! Les Zélotes, les hommes d'armes de Jean, couraient l'Ophel en quête de proies. L'une de leurs patrouilles força l'entrée d'une maison d'où sortait une odeur de chair rôtie. Marie, fille d'Eléazar, mort de ses blessures habitait cette demeure.

Horreur ! Marie venait de cuire son enfant et d'en dévorer la moitié... Elle leur tendait le reste.

— Mangez, dit-elle, vous n'êtes pas plus dégoûtés qu'une mère.

Ils s'enfuirent épouvantés comme une bande de chacals, qui viennent de rencontrer une lionne hantée de folie.

Instruit de ce forfait Titus comprit que Jérusalem ne tenait plus debout que par miracle ! Dieu de façon manifeste abandonnait *« son peuple.* » Le 12 juillet, le sacrifice perpétuel cessa dans le Temple faute d'hommes, dit Josèphe, faute probablement de victimes ? Pareille interruption ne s'était produite qu'aux plus sombres jours d'Israël pendant la captivité de Babylone.

Alors Israël comprit qu'il devait mourir et que son culte avait cessé pour toujours. Ce pressentiment ne le trompait pas. Israël ne devait plus sacrifier sur la Montagne Sainte ! Il lamente encore aujourd'hui, dans un jeûne solennel, ce lugubre anniversaire (57).

Titus, profita du découragement qui s'emparait des Juifs, pour user de miséricorde. Il tenta de négocier. Pour la seconde fois Josèphe s'approcha des remparts et cria aux Zélotes les propositions du général.

« *Jean de Giscala pourra se retirer avec tous les hommes qu'il choisira. Les Romains feront offrir dans le Temple les sacrifices légaux et emploierons les ministres désignés par les Juifs.* »

Jean répondit :

— Nous n'avons rien à craindre, le Temple est la cité de Dieu !

Alors Titus commanda l'assaut... Les Zélotes étaient prêts à le recevoir. Ils avaient résolu de concentrer la défense dans la partie supérieure du Monument élevé par Salomon à la gloire de Dieu (58). Ils brûlèrent ce qui pouvait couvrir l'assaillant, la galerie qui rattachait l'Antonia au Sanctuaire, les portiques de la première enceinte au nord et à l'ouest, dégagèrent le parvis des Gentils. C'était une faute que rendait nécessaire le nombre réduit des combattants !

Maître de cette immense esplanade, Titus roula ses béliers et ses catapultes sur les dalles de la célèbre Cour extérieure, dévolue aux Païens.

Des craquements épouvantables se rapprochaient des sanctuaires, mêlés au rythme des voix métalliques qui chantaient en cadence.

---

57 —Les Juifs de cette seconde Dispersion ont reconstitué le Trésor et la force du Temple, par la Finance Internationale.

58 — 1013 à 1006 av. J.-C. œuvre d'artiste phénicien. Il rappelait les Temples égyptiens, mesurait près de 2.000 mètres sur 1.000 de côté, était décoré avec un luxe inouï ; l'or, l'argent, l'ivoire, les tapisseries, les bois précieux incrustaient portes et portiques, recouvraient les dalles et les murs. Il synthétisait admirablement la pillerie organisée par Israël dans le monde connu.

C'étaient le Nikon et les autres grandes hélépoles arrivées d'Antioche. Elles étaient entourées de légionnaires. Il les tiraient à deux mains, halaient avec des cordes, poussaient des épaules. Elles avaient huit roues, cerclées de fer et depuis l'aube elles avançaient ainsi lentement pareilles à des montagnes mouvantes.

À trente pas des murailles elles s'arrêtèrent, comme un troupeau de bêtes énormes, inquiètes et cependant résolues. Puis, il sortit de leur ventre un immense bélier. Les portes s'abattirent et dans l'intérieur apparurent tels des colonnes de fer, les légionnaires entièrement cuirassés. Ils étaient les tours invulnérables, de ces tours de démolition dont les plate-forme supérieures portaient des balistes. Par les lucarnes des deux étages ils commencèrent le tir (l'hélépole avait été inventée par Démétrius).

Le matériel, servi par le courage eut raison de l'héroïsme.

Pendant cinq jours les invulnérables machines battirent les murs sans y mordre. Les pierres lisses, les carrés de marbre étaient de telles dimensions, si fortement ajustées, que les béliers ne pouvaient les ébranler. Alors, on essaya des tarrières qui, s'appliquant aux joints des blocs, pouvaient les desceller. Les tarières furent brisées. De fréquentes tentatives d'escalades échouèrent pareillement. Les échelles, quand elles atteignaient aux créneaux, étaient repoussées avec des crocs ; et, la charge humaine se brisait sur les dalles.

Le 8 août, à l'abri d'une hélépole sous la protection de deux tollenones, la 12ᵉ légion mit le feu à la célèbre porte qui séparait le parvis des Gentils des cours supérieures. Un bûcher de poutres, de résine, de poix, montait ses flammes grondantes jusqu'au sommet des portiques que les Juifs furent contraints d'abandonner. L'hélépole brûla. On la laissa brûler pour activer le mordant du brasier ! Alors, l'argent, l'or, l'airain de Corinthe qui couvraient les vantaux coulèrent en ruisseaux de feu à l'intérieur du Temple et répandirent l'incendie. En quelques minutes les flammes s'accrochèrent aux lambris de cèdre, aux portes de térébenthe. Les Juifs ne croyaient pas un tel malheur possible. Stupéfiés, anéantis, ils contemplaient ces dragons de feu qui s'enroulaient autour de la Cour des Femmes, de la Cour des Prêtres et qui frôlaient l'Autel.

Et ce fut Titus qui ordonna de préserver ce qui restait des millénaires bâtiments (59).

À l'aube, la porte carbonisée croula, ouvrant aux légions l'accès des Tabernacles. Elle resta béante tout un jour sans qu'aucun soldat osât en franchir le seuil !

— Sacrilège ! Sacrilège ! lamentaient les Juifs à l'intérieur.

Une terreur superstitieuse arrêtait les rudes soldats de Rome, habitués cependant à tout braver. Ils hésitaient, troublés devant un sanctuaire de pensée, de méditation et de foi, où nul profane n'entrait, disait-on, que pour mourir (Dion Cassius). D'autre part, les officiers savaient que Titus voulait conserver à l'admiration du monde, l'œuvre grandiose de Salomon. Il faut être une brute, pour incendier une église !

Titus était partagé entre deux sentiments : par le souci de conserver un monument que Josephe, Agrippa et Bérénice lui rendaient cher ; par son devoir de Romain qui lui ordonnait de détruire un édifice où s'abritait une superstition, des mœurs qui nuisaient à l'Empire (Sulpice Sévère, *Chronicon*).

Il assembla les chefs de légion et les princes juifs. Et l'on délibéra s'il fallait brûler le Temple ou le prendre d'assaut (60).

Selon Tacite, Titus voulait tout anéantir.

Selon Josephe, Titus voulait emporter de force les sanctuaires et les protéger.

Quoi qu'il en fût la résolution de préserver le « Saint des Saints » prévalut. Et l'on se prépara à l'assaut final. Les Zélotes le prévinrent.

À l'aube du 10 août, alors que les sentinelles somnolaient, ils se jetèrent en masse sur les Syriens qui occupaient les parvis. Mais

---

59 — Influence lointaine de Bérénice, et présence de Josèphe, d'Agrippa, de l'état-major juif qui voulait conserver pour son prestige, le prestige du temple. Sincérité, respect de la grandeur chez Titus.

60 — Le Conseil de guerre était composé de Tiberius Alexandre, de Sextus Céréalis commandant de la Ve Légion macédonienne ; de Lorcius Lepidus, chef de la Xe Frétensis ; de Titius Frugi, tribun de la XVe légion Appolinaris ; Maternus Fronton qui répondait de la XIIe égion, Fulminata ; de Marcus Antonius Julianus, procurateur de la Judée ; de quelques tribuns et chefs juifs, dont Josèphe.

les légionnaires soutinrent énergiquement le choc, protégés par les frondeurs, par les archers arabes et parthes qui tenaient les remparts de la première enceinte. Le carnage dura jusqu'au soir. La cavalerie amenée par Agrippa parvint, au crépuscule, à balayer l'esplanade. On acheva les blessés, les Romains emportèrent les leurs.

Titus, rentré sous sa tente estimait la lutte terminée et contemplait l'agonie de Jérusalem...

Au lever du jour une nouvelle meute d'assiégés conduite par Jean lui-même, se jette sur les Romains. Cette fois les légionnaires ne sont pas surpris par le choc. Ils reçoivent en formation dense cette volée d'hommes, passent à l'offensive, repoussent, traquent l'ennemi, le pourchassent sur les escaliers avec une telle vigueur, qu'ils pénètrent avec les fuyards sur le parvis des Gentils. La 12e légion bat comme un flot, la porte des Sanctuaires où elle croit découvrir l'enseigne perdue dans la retraite de Césarée !

L'incendie se propage. Les soldats furieux réclament l'assaut. Il y a trop de morts, trop de mutilés, trop de souffrance ! La furie romaine atteint au paroxysme. Le seul droit qui reste aux centurions est de conduire ce terrible héroïsme, d'en prendre le commandement !

Un soldat, dont Josèphe ne rapporte pas le nom, sans nul ordre, mais comme « *inspiré de Dieu* » saisit une poutre enflammée, soulevé par ses camarades, marchant sur un toit de bouclier, il jette cette immense torche dans les chambres qui entourent « *le Saint* » : par la « *Fenêtre dorée.* »

Immédiatement, les antiques boiseries de cèdre, les vieilles et séculaires tentures s'enflamment. Les Juifs hurlent de désespoir et d'horreur. Titus accourt. Agrippa, Josèphe, les chefs de Légion les secondent. Du geste le magnanime général ordonne d'éteindre l'incendie.

Mais l'on ne commande pas à l'ouragan ! Vingt mille Romains montaient à l'escalade et la voix de Titus se perdit dans un tumulte de fureur et de violence. Les soldats avaient secoué leur effroi aux premiers pas faits dans le Sanctuaire ils avaient été éblouis par l'or qui étincelait de toutes parts. Ils se ruèrent au pillage. Emporté par ses meutes, roulés, dans le flot des légionnaires, Titus parvint avec quelques officiers dans le Sanctuaire encore intact. Il le contempla un instant puis entra dans le Saint des Saints. La majesté du lieu surpassait son attente, elle l'émut au point qu'il résolut à tout prix de sauver une telle merveille d'art, de sainteté, de richesse...

Bras étendus il se précipite dehors, repousse les pillards, interpelle les centurions, s'épuise à crier des ordres ! Mais un légionnaire se glisse derrière lui, allume une torche, flambe des tapis, des tentures. La fumée, les flammes jaillissent, gagnent les boiseries, l'autel et les tabernacles !

Titus comprit que le Temple était perdu. Il se retira. Agrippa pleurait. Il rejoignit le général sous sa tente.

L'incendie s'étendait rapide, sans obstacle. La cime du Moriah ne fut bientôt qu'un cratère de volcan, un brasier d'enfer que les légionnaires traversaient comme des démons. Il semblait que la montagne brûlait jusque dans ses profondeurs.

De Sion, des hauteurs lointaines, les Juifs regardaient, la rage et l'épouvante au cœur, l'anéantissement de leur suprême rêve ! Des cris furieux d'angoisse, d'exécration, sortaient de cette foule, montaient vers le ciel avec les rugissements de l'incendie, les voix retentissantes des légionnaires, les appels triomphaux dans le métallique et rude latin, des centuries, les hurlements, les malédictions des égorgés. « *Telle fut l'immense clameur à cette heure funeste qu'on l'entendit par de là le Jourdain !* »

Le carnage des Gannaïtes s'acheva dans le feu. Saouls de sang et de furie, les Romains tuaient tout ce qu'ils trouvaient encore debout. Les Juifs, pour la plupart, affolés et désespérés, cherchaient la mort, se jetaient sur les piques, tendaient la gorge aux glaives, se précipitaient dans les flammes ou se tuaient entre eux. Quelques prêtres, avaient pu gagner le faîte des tours carrées qui dominent le Temple. Ils arrachaient les scellements de plomb et les jetaient sur les assaillants, les flèches sarrazines et parthes allèrent les chercher sur ces hauteurs, ils dégringolèrent comme des pantins cassés dans l'immense brasier où toute l'histoire d'Israël semblait se consumer !

Seul un petit groupe de Zélotes, ralliés par l'héroïque Jean de Giscala put percer le cercle des Romains. Comme une bande de sangliers, faisant tête à la meute, ils atteignirent le pont ruiné qui séparait Sion du Temple et furent recueillis par Simon... Tous les Juifs que l'attente du grand miracle avait rassemblés sur la cime du Moriah furent dévoués à la tuerie. Six mille de ces infortunés réfugiés sous un portique, vieillards, femmes, enfants périrent dans les dernières flammes du Saint des Saints. Alors les légions réunirent leurs aigles au milieu des décombres et sur cet immense autel de débris fumants, offrirent un sacrifice à Jupiter.

« *L'abomination de la désolation* » causée par des prêtres dissolus, par une aristocratie déficiente, par une bourgeoisie cupide et matérialiste, par l'orgueil d'Israël, et commencée par les Zélotes, s'achevait sous les yeux de tous les Juifs.

> « *Le Dieu qu'ils avaient méconnu, comme ils l'avaient méconnu au temps de Moise, abandonnait le lieu saint, où si longtemps il avait voulu qu'on l'adorât. Il les rejetait eux et leur culte.* »
>
> « *Les prières et les râles des Chrétiens livrés aux bêtes ou passés au soufre dans les jardins de Néron étaient montés jusqu'à lui… Etienne, Jacques, Paul de Tarse et Pierre, après Jésus, étaient morts pour éloigner des Juifs ce calice de fiel et de sang. Dieu n'avait point pardonné* » (*10 ab. 70*).

Restait Sion et ses soixante tours inviolées : l'antique Sion citadelle de Jérusalem.

Les remparts étaient intacts. Les plus redoutables des défenseurs, réunis sur les crêtes inaccessibles attendaient Titus. Jean et Simon commandaient, unis pour la lutte définitive.

Au moment d'engager le suprême combat les deux chefs hésitèrent. Leurs hommes épuisés par les privations, par la maladie et les blessures mal soignées, ne pouvaient supporter les affres et les veilles, les fatigues d'un nouveau siège.

Des parlementaires juifs se présentèrent au camp de Titus. Le général consentit à recevoir Jean et Simon. Si Jean avait été seul, le vainqueur eut peut être fait grâce. Mais Agrippa, Josephe et les princes d'Israël, haïssaient Simon qu'ils affectaient de considérer comme un chef de brigands.

Titus entendait simplement faire grâce à condition que les chefs et les troupes serviraient dans l'armée romaine.

Jean et Simon offrirent d'évacuer la place sous condition de pouvoir librement se retirer au désert avec leurs femmes et leurs enfants.

Titus rompit l'entretien.

— Allez dit-il, vous n'avez plus qu'à mourir ! (Josèphe, VI, p. 2, 8) (61)

---

61 — Gannaïtes : La haine des Juifs alla jusqu'à accuser Titus, d'avoir, à cette

Un nouveau siège commença, non moins rude que les précédents. Les Juifs tenaient une forteresse capable de résister pendant des mois et des années s'ils avaient eu des vivres : le Palais d'Hérode avec ses trois énormes tours, Hippicus, Phasaël et Mariamne (nommée ainsi en souvenir de la fille des Mardochées).

Pendant dix-huit jours les quatre légions édifièrent des chaussées et des tours, amenèrent des béliers, roulèrent des hélépoles, face au rempart occidental et devant la porte de Jaffa commandée par la tour du Coin.

Le 7 eloul (septembre) les travaux de siège et d'approche étaient terminés. Les béliers battirent les murs et firent brèche. Rien ne bougeait sur les chemins de ronde, aucun défenseur ne se présenta, sur la trouée, sur les éboulis de roches !

Les légions hésitaient. Que signifiaient ce silence et cette immobilité ?

Entraînés par leurs chefs de cohorte les soldats se ruèrent. Sur les places, dans les rues se traînaient des mourants. La famine avait détruit les derniers défenseurs. Ceux qui retrouvèrent un reste de souffle et d'énergie, s'enfoncèrent chancelants au labyrinthe des souterrains, sur lesquels Jérusalem est bâtie.

Les soldats n'égorgèrent que des agonisants et quand ils pénétraient dans les maisons pour les piller, ils reculaient suffoqués par la puanteur des cadavres dont elles étaient remplies. La nuit termina le carnage et Sion s'alluma comme un immense autodafé, croula sur la formidable incinération de tout un peuple mort.

Quand Titus parut, à cheval, sur la Montagne qui brûlait, quand il vit intactes ces tours hérodiennes que les béliers n'avaient pu ébranler, sa victoire lui parut tenir du prodige. « *Il rendit grâces à Jéhovah qui avait combattu pour lui* » (62).

---

heure-là, dans le Lieu Saint, accompli avec Bérénice, l'œuvre d'amour, sur un rouleau de la thora.
62 —Josèphe : Nous faisons remarquer que Josèphe emploie le procédé du yaviste qui avait converti Platon à Jehovah.

Les jours suivants, les soldats fouillèrent les égouts et les souterrains : Ils découvrirent des milliers de Juifs et d'immenses richesses : Jointes au butin recueilli au Temple et dans la ville entière : elles formèrent un tel amas d'or que le prix de ce métal baissa de moitié dans toute la Syrie quand il fut jeté sur le marché (63).

Les objets sacrés sauvés de l'incendie du Temple, le Voile du Saint des Saints, le Livre de la Loi, la Table des pains de proposition, le chandelier à sept branches, les trompettes d'argent, furent la part de Titus.

Il mit en réserve ces prestigieux vestiges pour son « *triomphe.* »

Josèphe évalue à 97.000 le nombre des prisonniers recueillis dans Sion et les cavernes souterraines de Jérusalem. Cette foule morne, have, désespérée fut poussée comme un troupeau sans âme et sans pensée, vers le Temple et entassée dans l'enceinte ruinée. On tria cette cohue. Et Israël put pleurer ses fils morts, ses vierges et ses beaux adolescents jetés dans les lupanars méditerranéens, ses défenseurs tués par le glaive.

Tout ce qui avait porté les armes fut égorgé. Les parvis ruisselèrent de sang comme des abattoirs. Sans mot dire Israël mourait. Sur l'ordre de Titus l'on n'épargna que sept cents jeunes juifs des mieux faits et des plus beaux, destinés au triomphe du général victorieux et de ses légions. Les enfants, les jeunes gens de moins de dix-sept années furent vendus sur les marchés d'esclaves et le reste… gardé pour les amphithéâtres où hurlaient les fauves.

Des milliers de captifs périrent d'inanition et de désespoir.

… En vain, les légionnaires avaient fouillé la terre. Jean de Giscala et Simon étaient introuvables.

Jean fut le premier que la faim fit sortir du trou où il se cachait. Il se fit conduire à Titus qui lui laissa la vie et se contenta de l'emprisonner. Par la suite il quitta l'ergastule romaine et disparut dans le Désert.

Vers la fin d'octobre, les soldats qui gardaient les ruines du Temple eurent un moment de crainte et de stupeur. Ils virent surgir de terre un

---

63 — Ainsi se confirme le plan d'Israël : accaparer l'or universel, le resserrer dans ses banques, avec cet or vénaliser les gouvernants, dominer l'Etat, tous les Etats. (*Monde* 1940. *Recommencement du Siècle de Titus.*)

être squelettique, une espèce de fantôme qui gesticulait et balbutiait des paroles incompréhensibles. Décharné, couvert d'une tunique blanche et d'un manteau de pourpre, le revenant des tombeaux s'avança vers les légionnaires. C'était Simon qui, à bout de vivres et de force, tentait de passer au milieu d'eux comme le symbole de la ruine et de la destruction ! Reconnu, arrêté il fut envoyé à Cézarée pour que Titus en disposât (Josèphe, VII, XII).

L'agonie de Jérusalem continuait. Non seulement quatre cent mille cadavres gisaient sous les ruines de la Cité... Mais les survivants suivaient Titus dans son triomphe sur les routes de Palestine et de Syrie.

Les prisonniers fournissaient les abominables jeux du Cirque ! Dans l'amphithéâtre de Césarée de Philippe, 2.500 Juifs furent brûlés vifs, livrés aux bêtes ou contraints de se massacrer entre eux. À Beyrouth, 3.000 périrent au jour anniversaire de Vespasien. À Antioche, sur l'Euphrate le vainqueur fut acclamé et les mêmes horreurs reçurent leur accomplissement. Revenant d'Egypte où s'était réfugiée Bérénice, Titus voulut revoir Jérusalem !

La ville n'était plus !

La Cité d'où l'ordre secret de domination universelle était donné aux Synagogues de l'Empire et du monde connu ; l'orgueilleuse capitale des Juifs si fière de ses richesses et de ses splendeurs, Jérusalem qui se croyait assez forte en or, en hommes, en intelligence, pour braver Rome, Jérusalem n'était que décombres et poussières.

Sur les vestiges du Temple la 10ᵉ légion était campée et les soldats joyeux acclamaient Titus-le-Victorieux !

Aux cimes de Sion les trois tours hérodiennes attestaient de quelles défenses l'armée romaine avait dû triompher et quelques masures subsistaient à l'extrémité sud de la colline. Symbole des temps nouveaux et de la résurrection, le Cénacle où le Christ avait substitué l'Eucharistie au rituel mosaïque, n'avait pas été touché par les pierres des catapultes ni les béliers des démolisseurs.

Bézetha, l'Acra, l'Ophel avaient disparu, rasés comme Carthage ennemie mortelle de Rome. À cinq lieues à la ronde, au delà de Bethléem et de Bethoron, jusqu'à la mer Morte, s'étendait semblable dévastation.

Des vergers du Scopus et du Cédron, du jardin des Oliviers, des bosquets de Gethsémani, il ne restait ni trace, ni racines. Les eaux se taisaient aux piscines de Siloë et de Gigon. Jérusalem n'était plus qu'un désert de pierres arides sur lequel tournoyaient des vautours gras.

Titus, profondément ému pleura.

Il maudit les insensés qui l'avaient contraint à détruire leur patrie et les ambitieux qui croyaient, par Néron, établir leur souveraineté dans Rome. La gloire de cette guerre semblait lui peser. À ceux qui le félicitaient, le fils de Vespasien-Imperator répondait tristement :

— Ce n'est pas moi qui ai vaincu : le Dieu des Juifs irrité contre eux s'est servi de ma main !

Et c'est peut-être ce sentiment qui lui fit souhaiter de rentrer à Rome par la voie triomphale. L'austère simplicité de Vespasien répugnait à cette cérémonie. L'Empereur craignait peut-être de mécontenter gratuitement les sept Synagogues que la destruction du Temple avait laissées debout, sur les sept collines !

Titus sentit qu'il fallait humilier sans pitié l'orgueil des riches Juifs. Au reste la mort de Néron avait laissé paraître trop de sanies et trop de meurtres dont la Juiverie était sournoisement et grandement responsable ! Dans ce triomphe Titus voyait non seulement le reflet de sa gloire, mais l'affermissement de l'Empire aux mains de sa famille, et la définitive victoire de Rome sur Jérusalem l'intransigeante ennemie de la nation.

Sur la voie sacrée, le cortège apparut aux yeux fascinés de Josèphe, comme un fleuve d'or, d'argent d'ivoire, de pierreries, d'airain, de Corinthe et de pourpre. Toutes les richesses de l'Orient coulaient à larges flots sur l'avenue prestigieuse où la 12e légion et les Vestales formaient la haie ! Les merveilles de l'art oriental figuraient dans ce fabuleux étalage : étoffes précieuses, animaux rares, dromadaires couverts d'attatiches, tapis de Damas et tentures d'Antioche que tendaient des prisonniers réservés au Cirque… Des échafaudages hauts de trois ou quatre étages passèrent sous les yeux de la foule, montrant dans une suite de tableaux les divers épisodes de la bataille et de la victoire.

Venaient ensuite l'élite des captifs, les sept cents jeunes hommes, beaux entre tous que Titus réservaient à cette pompe. Ils défilèrent demi-nus et Vespasien leur fit grâce en raison de leur fière attitude. À leur tête marchait Simon-ben-Gioras, le lacet au cou. On le menait à mort en le flagellant. Pour celui-là, la douce Bérénice n'avait point demandé pitié. L'aristocratie juive ne lui pardonnait point d'avoir mis ses privilèges en péril ! Héros s'il avait été vainqueur ; vaincu il n'était qu'un aventurier !

Vespasien et Titus, sauveurs de la patrie, sur leur char triomphal fermaient la marche. Mais devant eux, encadrés par les Aigles des quatre légions et des cohortes syriennes, étaient portés les réels vaincus de la guerre : le Livre de la Loi, la Table d'Or, le Chandelier à sept branches, les Trompettes d'argent, le Voile pourpre du Saint des Saints, les rouleaux de la Thora !

Au pied du Capitole le cortège s'arrêta pour l'hommage aux Dieux !

Simon traîné à la prison Mamertine fut jeté dans l'effroyable boue du Tullianum puis étranglé ! Alors des Hérauts vinrent annoncer à César que l'ennemi de Rome avait vécu. Les sacrifices recommencèrent, la journée s'acheva dans les danses, les jeux et festins (Tacite, VII-V, 3, 6).

Sur le premier Pogrome, sur la plus retentissante défaite des Hébreux, sur Jérusalem et le Temple, abolis, l'Empire entier fêtait sa propre délivrance ! Rome dans le nouvel ordre des choses prenait la place de la métropole juive dans l'antique alliance. Elle devenait la Cité reine et mère du monde entier.

Jérouschalaïm n'était plus.

... Tête couverte de cendres les Juifs de Rome maudissaient Titus et se lamentaient sur le sort de Jérusalem.

La puissance du Sanhédrin et des Pontifes semblait pulvérisée. Le char impérial écrasait la vieille loi :

> « *Loi, disait saint Paul, qui n'enfantait que la colère de Dieu, le péché et la mort.* »

Le livre avait été traîné, par des esclaves dans la poussière de la voie triomphale.

La plus sombre, la plus simoniaque entreprise de brigandage et de spoliation que l'on ait jamais « *montée* » sous l'égide du Créateur, venait de crouler. Le Temple était en banqueroute, Jéhovah en réparation...

Mais... une banqueroute se liquide et une réparation s'achève.

Encore étourdi par sa chute, Israël engagea la bataille. Le vieux Dieu de la Genèse a la vie dure. Iahvé se redressa sur ses béquilles et reprit le commandement de son peuple. Son œil poché par les catapultes flaviennes, s'ouvrit à nouveau menaçant et vengeur au triangle hébraïque des tabernacles saints.

Sur les galères, dans les mines, en esclavage partout, attelés aux norias des oasis égyptiennes, sous le fouet des vélites et des licteurs, les derniers défenseurs de Jérusalem achevaient de mourir, misérables comme meurent les héros. Mais, les Zélotes d'Eléazar, de Simon, de Jean de Giscala, avaient enfoui dans les cavernes souterraines de l'Ophel du Moriah et de Sion des lingots de métal précieux, des coffrets de pierreries, des sacs de drachmes, de sesterces, d'oboles, de talents, de sicles d'argent, de sekels d'or : toutes les monnaies romaines, grecques, liguriennes, carthaginoises, babyloniennes, égyptiennes, tout le tribut ramassé, depuis les siècles, pour le compte de Jéhovah : l'immense et sacrée pillerie des Synagogues couvée par les Sanctuaires. Eléazar et Jean, pas plus que Simon à dessein déshonoré par la haute et lâche aristocratie juive, n'eussent été capables de détourner à leur profit le cours de ce pactole divin !... La « *canaille* » a de tout temps de ces naïvetés !... qui la distingue de ce qui gouverne.

Dés la chute de Sion l'alliance Israélite de la Dispersion tenta de récupérer le trésor du Temple. Maîtresse des marchés, associée des Grecs, elle provoqua la baisse de l'or et racheta, au tiers de leur valeur, les richesses de Jérusalem. Ainsi, le butin enlevé par les cohortes syriennes et les légions, s'en retourna vers les Synagogues de Rome et d'Alexandrie.

D'autre part, l'aristocratie juive enveloppait le Palatin de ses grâces et de ses caresses : Josèphe, Agrippa, Tibère, Micrémas, avaient entrepris le siège de Titus. Bérénice taillait son manteau d'Impératrice dans la pourpre césarienne du vainqueur d'Israël (64).

---

64 — L'ambition de Bérénice fut déçue. Le peuple de Rome s'opposa au mariage de Titus et de la princesse Juive. Le souvenir de Poppée et de ses excès, l'insolence de Simon et des Affranchis juifs, maîtres du Palatin, étaient restés vivaces dans la mémoire romaine. Il semble, même, que Titus, provoqua l'émeute populaire qui le délivrait de Bérénice.

Et cent ans plus tard les Synagogues avaient pris leur revanche : Avec les Antonius, les rabbins préparent la décadence de Rome et de l'esprit latin. Ils paient les Barbares qui convoitent les filles et les trésors du Quirinal ou de l'Esquilin (Augustin Thierry). Ils s'allient aux Chrétiens, qu'ils simonisent.

Quelques hommes de guerre, encore, tiennent haut les Aigles.

« Car les citoyens romains regardent le commerce comme occupation d'esclave : ils ne connaissent que l'art de vaincre. Ainsi les vertus militaires restèrent, après qu'on eut perdu les autres »

(Montesquieu).

Mais Rome, cette création prodigieuse, basée sur la famille, la vertu, la justice, devait se désagréger parce que le noyau vieux-romain, autour duquel s'était constitué l'Empire, était rongé par les éléments étrangers. Les ramifications de culture hétérogènes dominèrent rapidement la vie matérielle et spirituelle de l'Urbs. La vie sociale, l'activité économique furent infestées et dominées par l'exotisme oriental. Les vertus militaires finalement, furent bafouées, les vieux soldats voués au sarcasme taisaient leurs exploits, leurs blessures, les sacrifices consentis à la patrie. La débauche, imitée de la débauche des Empereurs, des Patrices et de la Bourgeoisie, devint la marque de l'intelligence et de la valeur suprême (France 1940). Rome se vautra ; et, « *c'était une armée composée de Germains qui, finalement représenta l'autorité publique* » (Karl Wiebe).

Quelques écrivains, quelques grands esprits s'affirmèrent encore. Ils essayèrent de s'opposer à la montée du métèquisme, au triomphe fatal d'un matérialisme sauvage, d'un luxe dégradant et mortel. Apulée, Claudien, Aulu-Gelle, Marcellin, Macrobus, ranimèrent les vieilles cendres. Ce fut en vain. Atteinte dans ses œuvres vives par toutes les pourritures et les chancres orientaux, soumise au chantage des « *Barbares* », Rome est en perdition. Les vers grecs et les nécrophores Juifs, grouillent dans sa carcasse.

C'est dans les écrits des Pères de l'Eglise, dans la poésie chrétienne qu'il faut chercher l'originalité, la fraîcheur, la sincérité, l'inspiration : la vie de l'intelligence et du cœur ; c'est chez Tertullien, saint Hilaire, saint Ambroise, saint Jérôme (65) et saint Augustin. Le Christianisme

---

65 — *Saint Jérôme et les dames de l'Aventin*, par Jehan d'Ivray (Malfère, Editeur).

rallie l'élite romaine et conquiert le Monde. Alors les Synagogues entreprennent, derrière la Croix de conquérir la Terre... Le simonisme s'empare de l'Eglise.

Les siècles ont succédé aux siècles. Depuis 2.000 ans les Juifs sont en état de nomadisme constant. Du fait de cette malheureuse destinée Israël ne peut reconnaître, nulle part, d'obligations nationales. Il n'est attaché par aucun lien avec le sol, avec le peuple, qui lui donne l'hospitalité. Pour ne pas être exterminé il inventa deux moyens de défense et d'attaque : l'argent et l'intelligence. Il les emploie comme Titus employait balistes et catapultes contre le Moriah. Il démolit les nationalismes et s'installe, par la brèche, au sein de la Cité.

Le Juif aime l'argent : il l'aime moins que le ladre et méprisable bourgeois aryen catholique ou athée. Les deux tiers de la littérature juive, depuis les Prophètes, sont consacrés à la glorification du pauvre et sait-on désintéressement plus grandiose, que celui de saint Jacques, de saint Etienne, de saint Paul, de saint Pierre et de leur Maître : tous étaient Juifs. En face de Simon, de Judas, d'Anne et Caïphe, il faut dresser les apôtres et les prophètes d'Israël !

Ne pouvant combattre, comme avaient combattu les Zélotes esséniens, les Juifs se cuirassèrent d'or métal. Les florins furent leurs flèches, les ducats leurs viretons, les pistoles leurs biscayens, les dollars leurs 75, les sterlings leur lourde artillerie. Munis de ce matériel d'arsenal monétaire ils ont entrepris de conquérir le monde et de le dominer.

Ce suprême dessein cause leur perte.

Au 1er siècle le Temple s'écroulait.

Au XXe il est reconstruit sur le roc : le péristyle de la Bourse est devenu le parvis des Gentils. Grands-Prêtres des temps contemporains les financiers d'Israël commandent et commanditent la Geste de l'humanité.

J'entends bien ce que la fureur avide d'une Europe « *chrétienne ?* » reproche aux Juifs, mais, je sais aussi leurs excuses. Et dans tout ce vacarme de bêtes, autour des proies, j'écoute en vain la voix des prophètes. Je ne saisis que les râles de saint Jacques, sous les pierres.

« *Vous vous êtes tous engraissés comme les animaux destinés au sacrifice.* »

C'est l'Expiation qui commence, par le feu de Sodome et Gomorrhe, des « *Guerres d'Enfer* » ; des Guerres d'Apocalypse. La loi du Talion a frappé les Juifs. Du même coup, elle menace toutes les nations, qui fléchirent le genoux devant les Tabernacles d'or d'Israël, devant le Coffre, aux Étoiles à cinq branches, des financiers internationaux, des cohènes et des lévys de la nouvelle Sion : de la Jérusalem massacrée !

... Et l'assaut continue pour la libération du Monde. Budapest-Munich, Paris-Chantilly, 1938-1940.

Table des matières

Chapitre premier
Jerouschalaïm et Rome face à face 5

Chapitre II
Rome conquise par les juifs 23

Chapitre III
Rome décomposée par les juifs 41

Chapitre IV
Les juifs de « *la dispersion* »
dans l'empire contre rome impériale 55

Chapitre V
Les Chrétiens ne font pas les jeux des juifs
– massacre des Chrétiens – 69

Chapitre VI
Le faisceau romain contre les juifs et Néron 91

Chapitre VII
Révolte en Judée 105

Chapitre VIII
Vespasien en Judée 129

Chapitre IX
Le vol des aigles romaines 151

Chapitre X
La Jérusalem massacrée
– le « *triomphe* » de Titus – 159

- the-savoisien.com
- pdfarchive.info
- vivaeuropa.info
- freepdf.info
- aryanalibris.com
- aldebaranvideo.tv
- histoireebook.com
- balderexlibris.com

www.ingramcontent.com/pod-product-compliance
Lightning Source LLC
LaVergne TN
LVHW091547060526
838200LV00036B/741